Cynthia
Barcomi

Modern Baking

Cynthia
Barcomi

Modern Baking

MAL VEGAN,
MAL GLUTENFREI, MAL
KLASSISCH – IMMER
LECKER

DK

INHALT

WILLKOMMEN IN MEINER BACKSTUBE

Die Leute fragen mich immer, wie es ist, ein Buch zu schreiben. Wie ich neue Rezepte entwickle. Woher ich weiß, wann ein Rezept gut und wann es fertig ist. Wer jemals Baseball gespielt und einen *homerun* erzielt oder in der Lotterie gewonnen hat, weiß, wovon ich rede, wenn ich sage – gelingt der große Wurf, dann ist das ein magisches Gefühl! Es ist dieser Prozess des kreativen Gestaltens, der mich antreibt und inspiriert. Ein Buch zu schreiben, egal welcher Art, ist immer mit dem Drang verbunden, sich mitzuteilen. Ein Buch schafft eine Welt, und in *Modern Baking* ist es eine Welt, die mal vegan, mal glutenfrei, mal klassisch, immer aber köstlich ist!

Ich entwickle zuerst das Grundgerüst des Buches. Dann geht es von der Makro- auf die Mikroebene und zur Einteilung der Kapitel. Wie lassen sich die Rezepte in Gruppen gliedern, sodass sich ein kulinarisches Narrativ ergibt? Welcher Logik folgt der Aufbau? Und schließlich brauche ich Inspiration, um neue Ideen zu entwickeln. Eine Zutat, eine Backform, eine Person, eine Sinneswahrnehmung oder Erinnerung, ein Traum, aber auch Farben, Formen, Aromen, Texturen, Kontraste oder Harmonien – all das kann eine Quelle der Inspiration sein. Einen Klassiker de- und rekonstruieren, überflüssige Details loswerden, Theorie und Praxis verbinden und dabei das Risiko nicht scheuen – so entstehen gelungene Rezepte. Eine echte Herausforderung.

Und schließlich kommt beim Backen auch eine persönliche Handschrift zum Ausdruck. Ob Pie, Cookie oder Kuchen, alles trägt immer die individuelle Note der Person, die es gebacken hat. Dieser persönliche Charme macht das Backen so besonders! Ich erinnere mich an eine Pressekonferenz zu einem neuen Buch vor ein paar Jahren. Teil der Veranstaltung war ein Backkurs mit 16 Journalisten. Sie alle hatten dasselbe Rezept, die gleichen Zutaten und backten in denselben Öfen. Dennoch sahen ihre Scones auf den Blechen alle etwas anders aus. Einige störten sich daran, sodass ich sie beruhigen musste: »Es ist Ihre persönliche Handschrift, und das ist gut so.« Zum Glück sind wir keine Maschinen!

Aus meiner Welt in Ihre – ich wünsche Ihnen viel Vergnügen mit *Modern Baking*.

Cynthia
Barcomi
KITCHENWARE

EINLEITUNG

Modern Baking ist ein ganz besonderes Buch für mich, und ich freue mich riesig, Ihnen meine neuen Ideen endlich vorstellen zu können. Je mehr ich backe und neue Rezepte entwickle, desto mehr wird mir bewusst, wie vielseitig das Backen ist. Jedes Rezept hat schon seinen Schlüssel zum Erfolg – dabei geht es um Technik und ein Verständnis davon, wie Zutaten zusammenwirken. Sobald man verstanden hat, wie ein Rezept funktioniert, geht der Spaß erst richtig los. Ganz ehrlich, ob Sie Joghurt, Buttermilch, Milch mit etwas Zitronensaft oder Sauerrahm für ein Rezept verwenden, macht im Grunde keinen großen Unterschied. Nur Mut, vertrauen Sie Ihrem Gefühl und seien Sie kreativ. Variieren und kombinieren Sie Frostings, Güsse und Glasuren für Ihre Kuchen und Donuts – es kann nichts schiefgehen, das verspreche ich Ihnen! Wählen Sie Rezepte danach aus, welche Zutaten Sie zur Hand haben und wie viel Zeit Sie erübrigen können. Drücken Sie nicht sinnlos auf die Tube bei Gebäck, das Zeit braucht, um Geschmack und Struktur zu entwickeln, wie Hefeteig. Machen Sie sich beim Backen Notizen über die Ergebnisse und genießen Sie das Tun selbst genauso wie das Resultat. Geben Sie sich Mühe, aber bleiben Sie locker, und Sie werden Ihre Freude haben!

WAS IST MODERNES BACKEN?

Beim modernen Backen geht es um die Frage, welche Zutaten wir verwenden, wie wir unsere Zeit in der Küche verbringen und wie wir unsere Klassiker in Ehren halten (und oft neu interpretieren). Aus Alt wird Neu. *Everything old is new again.* Lassen Sie mich das erklären.

Modernes Backen ist nicht das Gegenteil von altmodisch backen. Vielmehr ist es die Rückbesinnung auf Prinzipien, an denen sich ganze Generationen vor uns orientiert haben und die mit der Zeit leider verloren gegangen sind. Die moderne Lebensmittelindustrie hat uns ewig haltbare Produkte beschert und immer mehr Menschen immer mehr Lebensmittel zu immer niedrigeren Preisen zugänglich gemacht. Auf diese Weise ist es ihr gelungen, das Geschäft mit der Ernährung zu globalisieren und sich von dem Konzept der saisonalen und regionalen Erzeugnisse zu verabschieden. Man erfand Fertigmischungen und Tiefkühlteige, um uns weiszumachen, dass wir weder backen können noch die Zeit dazu haben. Alles, was wir tun, kann die Industrie besser, schneller und billiger. Ja, wirklich? Ich glaube nicht. Brauchen wir Zusatzstoffe, um Sahne zu schlagen oder einen Käsekuchen zu backen? Ganz und gar nicht! Wie schon unsere Großeltern brauchen wir nicht mehr als ein gutes Rezept, gute Zutaten und etwas Zeit. Wenn wir Zitronenschale benötigen, reiben wir sie frisch von der Frucht, statt ein kleines Tütchen aufzureißen. Wir können viel mehr, als wir glauben, wenn uns jemand erklärt, wie es geht.

Während modernes Backen in gewisser Hinsicht die nächste Stufe der kulinarischen Bewusstseinsbildung darstellt, ist es in anderer Hinsicht ziemlich altmodisch und vernünftig. Meine Küche des 21. Jahrhunderts bietet ebenso Platz für die Welt meiner Vorfahren wie für die Herausforderungen der Gegenwart. Die Verfügbarkeit saisonaler Zutaten, das Timing, damit ein Rezept in einen engen Zeitplan und ein modernes Leben passt, aber auch die sich ändernden ernährungsbedingten Gewohnheiten und Vorlieben meiner Freunde und Familie – es gibt viele Faktoren, die über meine Wahl der Zutaten und Rezepte mitentscheiden.

Vor zehn oder fünfzehn Jahren hatte kaum ein Mensch je von »glutenfrei« gehört, einen Veganer getroffen oder eine Ahnung, was Laktoseintoleranz ist. Heute sind diese Begriffe in der Gesellschaft angekommen und in Supermärkten und Restaurants allgegenwärtig. Die Tage, da man vegane, glutenfreie oder laktosefreie Gerichte mit Äußerungen wie »schmeckt nicht so richtig« oder »gar nicht so schlecht für glutenfrei« abtat, sind vorbei! Manche Rezepte brauchen weder Gluten und Laktose noch tierische Produkte, um gut zu sein. Zu meinen Lieblingsrezepten in diesem Buch gehören übrigens German's Chocolate Cake Roll und der japanische Käsekuchen, die zufällig auch noch glutenfrei sind! Auch die vielen köstlichen veganen Rezepte in *Modern Baking* dürften nicht nur Veganer erfreuen. Ein gutes, überzeugendes Rezept ist eines, das Spaß macht beim Backen und Genuss verspricht beim Essen. Modernes Backen ist mal vegan, mal glutenfrei, mal klassisch und immer köstlich!

Wir wollen ganzheitlich handeln, unserer Umwelt und den Bedürfnissen unserer Freunde und Familie Rechnung tragen. Erweitern wir also unseren Horizont und probieren wir etwas Neues!

GLUTENFREI UND VEGAN BACKEN

Eines meiner ersten glutenfreien Rezepte habe ich in einer Fernsehsendung für einen Gast entwickelt. Es hat mich beflügelt und herausgefordert, beim Backen neue Wege zu gehen. Der gestürzte Obstkuchen wurde ein voller Erfolg, und so begann ich, glutenfreie Rezepte in meine Bücher aufzunehmen. Mir war es wichtig, sie von vornherein als glutenfrei zu konzipieren und nicht einfach ein klassisches Rezept durch eine glutenfreie Mehlmischung umzuwandeln. Ich wollte, dass mein glutenfreies (GF) Gebäck genauso lecker und geradlinig ist wie meine klassischen Rezepte. Und ich wollte Ihnen spezielle Zutaten ersparen, die man nur online und in großen Mengen beziehen kann. Mir lag daran, dass die Leser alle Zutaten, die sie benötigen, um das Rezept exakt zu befolgen, im nächsten Supermarkt bekommen.

Meine erste Begegnung mit dem veganen Backen war ähnlich – der prominente Gast einer TV-Show, in der ich auftrat, war Veganer. Ich stand vor der Wahl, etwas zu backen, das der Gast nicht essen konnte, oder mir etwas Veganes auszudenken. Wie habe ich mich wohl entschieden? Und so entstand der auch in diesem Buch vertretene Poke Cake. Einfach zu backen und ein absoluter Hochgenuss – auch er wurde ein voller Erfolg.

So begann ich also, mich für das Backen ganz ohne tierische Produkte zu begeistern. Aber wie funktioniert das? Ich fand heraus, dass, anders als beim glutenfreien Backen, sich fast jedes klassische Rezept ganz einfach in ein veganes umwandeln lässt. Hier einige nützliche und überall erhältliche Zutaten und ihre Funktion:

MILCH

Jeder ungesüßte Nussdrink oder Haferdrink kann Kuhmilch perfekt ersetzen. Nussdrink hat oft einen eigenen Geschmack, das sollte man bei der Wahl bedenken. Hafermilch ist am neutralsten im Geschmack. Ersetzen Sie die Kuhmilch im Verhältnis 1:1 und achten Sie darauf, dass der Milchersatz ungesüßt ist.

BUTTERMILCH

Einfach 1 TL Zitronensaft oder Essig pro 200 ml Flüssigkeit in die Nuss- oder Hafermilch rühren.

SAHNE

Kokoscreme (*coconut cream* – nicht Kokosmilch) liefert gut gekühlt genauso schöne Sahnehäubchen wie echte Sahne, nur sollte man sie vorher vollständig von der Flüssigkeit trennen und nur das reine Fett verwenden.

SAURE SAHNE

Ein Ersatz für saure Sahne lässt sich ganz leicht aus Cashewkernen herstellen. Dazu 150 g Cashewkerne 4 Stunden oder über Nacht in Wasser einweichen. Am nächsten Morgen abspülen und im Mixer mit 125 ml Wasser, 1 TL Essig, 1 EL Zitronensaft, ¼ TL Salz und etwas Dijonsenf zu einer dicken Creme verarbeiten.

EIER

Was bewirken Eier in einem Rezept? Sie sorgen für Bindung und eine lockere Struktur, spenden Geschmack und halten das Gebäck saftig und zart. Hier nenne ich Ihnen einige gut geeignete Alternativen:

LEINSAMEN

Die Leinsamen fein mahlen. 1 EL gemahlene Leinsamen mit 3 EL heißem Wasser verrühren und im Kühlschrank mindestens 15 Minuten ziehen lassen; dabei wird die Mischung gelatineartig. Leinsamen haben ein leicht nussiges Aroma und sind gut für Gebäck geeignet, bei dem zusätzlich noch andere Triebmittel zum Einsatz kommen.

CHIASAMEN

1 EL Chiasamen mit 3 EL heißem Wasser verrühren und stehen lassen, bis die Mischung gelatinös wird. In der Konsistenz ähnlich wie Leinsamen, verleihen sie dem Gebäck eine etwas dunklere Farbe, haben aber kaum Eigengeschmack.

ZERQUETSCHTE BANANEN ODER APFELMUS

Beide binden und verleihen dem Gebäck Saftigkeit, müssen aber mit einem Backtriebmittel kombiniert werden. 100 g ungesüßtes Apfelmus oder zerquetschte Banane entsprechen einem Ei.

KICHERERBSENMEHL

Es dient als Bindemittel und leichtes Triebmittel. Ich setze es gern bei Hefeteigen ein, z. B. für Streuselkuchen oder Donuts (s. S. 140). Einfach der Rezeptanleitung folgen. Als Faustregel gilt: 3 EL Kichererbsenmehl mit 3 EL Wasser verrührt entsprechen einem Ei. Kichererbsenmehl hat einen recht ausgeprägten Eigengeschmack und ist daher nicht für jedes Rezept geeignet.

AQUAFABA

So nennt man die Flüssigkeit von gekochten oder konservierten Hülsenfrüchten, meist Kichererbsen. Verarbeitet wird sie wie Eiweiß, also raumtemperiert verwenden, darauf achten, dass sämtliche Werkzeuge absolut frei von Fett sind, und bei hoher Geschwindigkeit aufschlagen. Aquafaba ist völlig geschmacksneutral.

ZUCKER, HONIG & SÜSSUNGSMITTEL

Wir müssen über Zucker reden. Als ich mit der Arbeit an diesem Buch begann, hatte ich mir vorgenommen, weniger Zucker zu verwenden … oder überhaupt keinen Zucker. Und alles, was ich fabrizierte, schmeckte fürchterlich. Keine Struktur, keine Farbe, nahezu alles war ungenießbar. Warum ist Zucker so wichtig beim Backen und wie viel darf oder sollte es sein? Zucker ist ein Multitalent. Er unterstreicht und intensiviert nicht nur den Geschmack anderer Zutaten, er verleiht dem Gebäck auch Farbe und Struktur. Hier sind die gängigsten Zuckersorten und ihre Eigenschaften.

RAFFINADE / HAUSHALTSZUCKER / KRISTALLZUCKER

Dies ist Ihr Standardzucker, in jedem Supermark erhältlich. Er wird aus Zuckerrüben oder Zuckerrohr hergestellt und stark raffiniert, daher die schneeweiße Farbe. Dieser Industriezucker verleiht Backwaren Farbe und Struktur, er hat nicht viel eigenes Aroma, unterstreicht aber den Geschmack anderer Zutaten.

Verwendung: Wenn das Gebäck nach einer dezenten Süße ohne zusätzliche Farbgebung verlangt.

RAFFINADE, SEHR FEIN

Haushaltszucker von sehr feiner Korngröße. Falls Sie ihn im Supermarkt nicht bekommen, können Sie ersatzweise herkömmlichen Zucker im Mixer fein zerkleinern.

Verwendung: Wann immer der Zucker sich schnell auflösen muss, etwa bei der Herstellung von Baisermasse für Macarons und bei bestimmten Buttercremes.

BRAUNER ZUCKER

Raffinierter Zucker, dem nach der Raffination die Melasse wieder zugesetzt wird, sodass er leicht karamellig schmeckt. Wenn Rohrohrzucker nicht zu finden oder Ihnen zu teuer ist, können Sie braunen Zucker auch selbst herstellen. Dazu einfach 200 g Raffinade mit 1–2 TL Zuckerrübensirup (z. B. Grafschafter Goldsaft) in den Mixer geben und 1–2 Minuten zerkleinern. Das Ergebnis ist im Geschmack zwar nicht ganz so vielschichtig wie echter Rohrohrzucker, doch eine passable und preiswerte Alternative.

Verwendung: Wenn eine leicht karamellige Note und Farbe erwünscht sind.

PUDERZUCKER

Das ist nichts anderes als fein gemahlene Raffinade. Häufig wird Puderzucker etwas Maisstärke zugesetzt, damit er bei Feuchtigkeit nicht verklumpt. Vor der Verwendung sollte man ihn grundsätzlich sieben, denn nichts ist so ärgerlich wie Klümpchen in einem Zuckerguss, der makellos glatt sein sollte. Sie können Puderzucker auch selbst herstellen, indem Sie 200 g Raffinade mit 1 TL Maisstärke im Mixer fein zerkleinern.

Verwendung: für Glasuren, schnellen Zuckerguss und Frostings

ROHRZUCKER

Aus Zuckerrohr hergestellter Zucker, der häufig aus Mauritius stammt. Er ist relativ grobkörnig und schmeckt ganz leicht nach Melasse.

Verwendung: Lässt sich Eins-zu-Eins für Zucherraffinade verwenden

ROHROHRZUCKER

Ein Zucker, der weniger stark behandelt wurde als weißer oder herkömmlicher Rohrzucker. Er weist noch einen Teil der im Zuckerrohr enthaltenen Melasse auf, ist etwas grobkörniger, von beiger Farbe und leicht fruchtigem Aroma. Je nach Herkunft kommt er unter anderen Bezeichnungen in den Handel, wie Demerara-Zucker (Niederlande) oder Turbinado-Zucker (Hawaii).

Verwendung: Wegen seiner relativ großen Kristalle bietet sich Rohrohrzucker vor allem als Garnitur für Backwaren an, etwa für die süßen Pluffins auf S. 158.

VOLLROHRZUCKER / MUSCOVADO-ZUCKER / SUCANAT

Der am wenigsten raffinierte Rohrohrzucker, erhältlich in einer hellen und einer dunklen Variante. Er hat eine relativ feine Körnung und einen kräftigen Karamellgeschmack.

Verwendung: für Rezepte, bei denen sein intensiver Geschmack und seine dunkle Farbe besonders gut zur Geltung kommen

FLÜSSIGE SÜSSUNGSMITTEL

RÜBENSIRUP

Eignet sich gut für selbst gemachten braunen Zucker (s. S. 15). Und falls Sie keinen Ahornsirup für die Pekannuss-Pie auf S. 94 haben, können Sie ihn durch Rübensirup und die Raffinade durch Vollrohrzucker ersetzen.

MELASSE

Ein dunkelbrauner Zuckersirup, der bei der Herstellung von raffiniertem Rohrzucker als Nebenprodukt abfällt. Melasse hat einen kräftigen Geschmack und wurde früher für Pfefferkuchen und Lebkuchen verwendet.

HONIG

Ich liebe Honig und unterstütze gern die Imker in der Gegend. Kaufen Sie nach Möglichkeit regionalen Honig direkt vom Imker. Er ist rein, schmeckt herrlich und ist um so vieles besser als so manches Produkt aus dem Supermarkt. Backen mit Honig funktioniert nur, wenn ein Rezept speziell dafür ausgelegt ist, ein Zuckerersatz ist Honig nicht.

AHORNSIRUP

Als Amerikanerin und halbe Kanadierin (meine Mutter stammte aus Kanada) habe ich ein besonderes Faible für Ahornsirup, ich könnte ihn direkt aus der Flasche trinken. Ich verwende Ahornsirup gern für Glasuren (s. S. 157), für die Pekannuss-Pie (s. S. 94) und zum Süßen von Limonade. Wie Honig ist auch Ahornsirup kein direkter Zuckerersatz.

AGAVENDICKSAFT

Ein aus den Blättern von Agaven hergestelltes Süßungsmittel. Es hat anderthalbmal mehr Süßkraft als Zucker! Sie können den Saft wie Ahornsirup über Pfannkuchen oder Waffeln träufeln oder zum Süßen von Getränken verwenden, er löst sich rasch auf. Zum Backen würde ich Agavendicksaft nicht einsetzen.

REISSIRUP

Er ist extrem zuckerhaltig, verleiht den Müsliriegeln (s. S. 60) genau den richtigen zarten Biss. Wie viele andere flüssige Süßungsmittel würde ich Reissirup maßvoll zum Süßen von Getränken einsetzen.

LÄUTERZUCKER

Ein einfacher Sirup aus Wasser und Zucker im Verhältnis 1:1, der erhitzt wird, bis sich der Zucker aufgelöst hat. Man kann ihn auch zusätzlich aromatisieren, etwa mit Alkohol, Zitrusschale oder Vanille. Läuterzucker wird zum Süßen von Getränken verwendet und hält Gebäck nach dem Backen saftig. Sie können entweder Kuchen oder Cupcakes direkt mit dem Sirup bestreichen oder zuvor ein paar Löcher hineinpiksen. So oder so eine raffinierte und köstliche Ergänzung für fast jede Art von Kuchen.

MEHLSORTEN

Mehl verleiht dem Gebäck Struktur und Geschmack. Die beiden wichtigsten Dinge, die man beim Umgang mit Mehl wissen muss, sind: Welche Backeigenschaften hat das Mehl? Und welche Art von Gebäck möchte ich damit backen? Wenn Sie Brot backen, benötigen Sie zur Strukturgebung ein Mehl mit einem höheren Glutenanteil. Backen Sie Plätzchen, sollte das Mehl für eine besonders feine Beschaffenheit sorgen. Zur Bestimmung der Typenzahl wird eine geringe Menge des Mehls auf 900 °C erhitzt. In der verbliebenen Asche wird anschließend der Mineralstoffgehalt pro 100 g ermittelt. Die Typenzahl gibt den durchschnittlichen Gehalt an Mineralstoffen in Milligramm pro 100 g an. Je höher die Typenzahl, desto größer der Anteil des vollen Korns. Vollkornmehl hat keine Typenbezeichnung, weil es aus dem vollen Korn hergestellt wird. Hier ein Überblick über die wichtigsten Mehlsorten und ihre Verwendung:

WEIZENMEHL TYPE 405

Das gängige weiße Haushalts- und Allzweckmehl. Es hat nicht viel Geschmack, ist aber äußerst vielseitig einsetzbar.
Verwendung: Es ist für nahezu jede Art von Brot, Kuchen, Tarte oder Plätzchen geeignet und lässt sich gut mit anderen Mehlsorten kombinieren.

WEIZENMEHL TYPE 550

Ein »backstarkes« Allzweckmehl mit etwas höherem Glutenanteil. Wie das 405er hat es keinen besonders kräftigen Geschmack, bis man es mit Hefe oder anderen Mehlsorten kombiniert.
Verwendung: Es wird für Backwaren eingesetzt, deren Krume ein kräftigeres Teiggerüst erfordert, wie Brote oder Brötchen, und deren Teige zur Strukturgebung geknetet werden.

VOLLKORNWEIZENMEHL

Ein Weizenmehl, das aus dem vollen Korn hergestellt wird, es hat ein nussiges Aroma, ist jedoch von eher schwerer Beschaffenheit. Wie alle Vollkornmehle trägt es keine Typenzahl. Da die enthaltene Kleie die Kleberbildung hemmt, mischt man es am besten mit Weißmehl (Type 405 oder 550). Vollkornmehl ist tendenziell quellfähiger als Weißmehl und erfordert mehr Flüssigkeit. Das macht den Teig mitunter klebrig und kann den weniger erfahrenen Bäcker vor Probleme stellen.
Verwendung: Ersetzen Sie bis zu 25 % einer Mehlsorte (405, 550 oder 630) durch Vollkornmehl, wenn eine nussige Note und eine etwas festere Textur erwünscht sind. Gut für Brote und manche Kuchen, kann aber etwas zu schwer für Kleingebäck sein.

DINKELMEHL TYPE 630, 812, 1050

Dinkel ist eine alte Getreideart aus der Weizengattung und für manche Menschen bekömmlicher als unsere heutigen Weizensorten. Das Mehl hat ein leicht nussiges Aroma und ist leicht zu verarbeiten.
Verwendung: Die Type 630 lässt sich wie das 405er Weizenmehl verwenden, erfordert eventuell aber etwas mehr Flüssigkeit. Die Type 812 ist vergleichbar mit dem 550er Weizenmehl und gut für Brote und Brötchen geeignet. Die Type 1050 hat den höchsten Vollkornanteil. Am besten verwendet man es mit einem helleren Mehl gemischt für dunklere und festere Gebäckarten und Brote.

ROGGENMEHL 1150

Roggenmehl hat einen höheren Mineralstoffgehalt als Weizenmehl, aber vergleichsweise wenig Gluten. Dazu enthält es ein Enzym, das der Stärkebildung beim Backen entgegenwirkt. Dieses Enzym

lässt sich durch die Zugabe von Säure wie Essig, Buttermilch oder auch durch die Verwendung eines Sauerteigstarters neutralisieren.
Verwendung: Roggenmehl verleiht Backwaren, insbesondere Broten, einen wunderbar vielschichtigen Geschmack. Kombinieren Sie es vorzugsweise mit einem Mehl mit hohem Glutenanteil zum Ausgleich des geringen Eiweißgehalts.

GLUTENFREIE MEHLSORTEN

MAISSTÄRKE

Meine Empfehlung zum Backen. Ich ersetze bei manchen Kuchen und Keksen zur Lockerung des Teiges gern bis zu 30% des Weizenmehls durch Maisstärke.
Verwendung: gut zum Binden oder um bestimmten Teigen eine besonders lockere und feine Konsistenz zu verleihen

KARTOFFELSTÄRKE

Wie Maisstärke ist sie glutenfrei, geschmacksneutral und dient zum Binden von Saucen. Auch Teige und Massen werden durch die Zugabe von Kartoffelstärke tendenziell dicker und erfordern eventuell die Zugabe von mehr Flüssigkeit.
Verwendung: gut geeignet zum Binden von Fruchtsaucen, in Verbindung mit anderen glutenfreien Mehlen auch zum Backen

REISMEHL

Wie alle Stärkearten ist es glutenfrei. Mit anderen glutenfreien Mehlen gemischt, wird es oft eingesetzt, um Gebäck eine krümelig-mürbe Beschaffenheit zu verleihen.
Verwendung: Für Mürbegebäck wie Shortbread benötigen Sie für den authentischen mürben Charakter des Gebäcks Reis- oder Hafermehl.

HAFERMEHL

Es ist von Natur aus glutenfrei, kann heute aber bedingt durch Kreuzungen und Kreuzkontamination Gluten enthalten. Falls erforderlich, finden Sie glutenfreie Haferflocken und Hafermehl in Bio-Läden und Reformhäusern. Wenn nur eine kleine Menge Mehl gebraucht wird, kann man auch Haferflocken im Mixer fein zerkleinern.
Verwendung: Es ist hervorragend für Shortbread geeignet, das traditionell aus Hafer- oder Reismehl gebacken wurde, damit es mürbe wird. Ich verwende Hafermehl in veganen und glutenfreien Rezepten auch gern wegen seiner dezenten nussigen Note.

POLENTA, FEIN UND GROB

Polenta ist schlicht Maisgrieß, es gibt ihn in grober und feiner Ausführung. Er hat eine hübsche gelbe Farbe und ein süßliches Aroma.
Verwendung: Feine Polenta bietet sich für viele Brotsorten, für Pizzateig und einige Kuchen an, die gröbere Variante für die klassische Polenta.

KICHERERBSENMEHL

Das aus fein gemahlenen Kichererbsen hergestellte Mehl dient als Bindemittel und ist für die glutenfreie Bäckerei ebenso geeignet wie für veganes Gebäck.
Verwendung: Kichererbsenmehl verleiht Backwaren eine wunderbare Struktur. Probieren Sie es für den veganen Coffee Cake (s. S. 172) oder für die veganen Donuts (s. S. 140).

BUCHWEIZENMEHL

Buchweizen gehört botanisch zur selben Familie wir der Rhabarber und ist trotz des Weizens im Namen kein Getreide. Die kleinen Körner sind von erdigem, krautigem Geschmack und enthalten mehr Eiweiß, Ballaststoffe und Vitamin B als Hafer oder Weizen.
Verwendung: Buchweizenmehl ist ausgezeichnet in der Waffelbäckerei und für Pfannkuchen geeignet, ich kombiniere es gern mit anderen glutenfreien Mehlsorten oder Nussmehl.

NUSSMEHLSORTEN

Bei Nussmehl handelt es sich um entölte, im rohen oder getrockneten Zustand fein gemahlene Nüsse. Die gängigsten Sorten sind Mandel-, Kastanien-, Walnuss-, Haselnuss-, Kokos- und Erdnussmehl. Grundsätzlich lässt sich jede Nussart fein mahlen und als »Nussmehl« verarbeiten. Nussmehle oder fein gemahlene Nüsse verleihen dem Gebäck Saftigkeit, Struktur und Fülle. Ihr Gehalt an Fett, Ballaststoffen und Eiweiß ist relativ hoch, außerdem können sie schnell ranzig werden, darum sollte man sie in kleinen Mengen bevorraten oder einfrieren. Tiefgekühltes Nussmehl können Sie direkt aus dem Gefrierschrank verarbeiten – Auftauen ist nicht nötig.

Verwendung: Nussmehle oder fein gemahlene Nüsse liefern in der konventionellen Bäckerei ebenso köstliche Resultate wie beim veganen Backen. Für das glutenfreie Backen sind sie ganz wesentlich. Kombinieren Sie zur Lockerung der Konsistenz Nussmehl mit Speisestärke oder anderem Mehl und genießen Sie das subtile Nussaroma.

MILCH, BUTTER & ANDERE ÖLE

Jetzt reden wir über Milch, Butter, Öl und andere Fette und über die Verwendung von Milch auf pflanzlicher Basis beim Backen. Fett ist wie Zucker und Salz ein Geschmacksträger. Es bestimmt die Struktur und Konsistenz des Gebäcks, ohne Fett wäre es fade, zäh und hart! Hier die gängigsten Zutaten sowie ihre Eigenschaften und Verwendungszwecke:

BUTTER

Sie ist die Königin der Fette. Verwenden Sie ungesalzene Butter, so lässt sich der Salzgehalt des Gebäcks genau regulieren. Ganz entscheidend für das Gelingen eines Rezeptes ist die richtige Temperatur der Butter bei ihrer Verarbeitung – kalt, raumtemperiert, zerlassen und warm oder abgekühlt, braun oder braun und filtriert? Lassen Sie nie die Temperatur des Fettes außer Acht, sonst riskieren Sie, Schiffbruch zu erleiden!

MARGARINE

Wie Butter ist sie ein Geschmacksträger, nur auf pflanzlicher Basis. Auch bei Margarine ist die spezifische Temperatur bei der Verarbeitung der Schlüssel zum Erfolg. Der Handel bietet viele verschiedene Produkte. Wählen Sie eine Margarine mit möglichst wenigen Zusätzen wie Geschmacks- oder Farbstoffen.

SCHWEINESCHMALZ

Der Griff zu Schweineschmalz für einen Pie-Teig war immer ein Streitpunkt zwischen meiner Großmutter Mimi und ihrer Cousine Mildred. Schmalz hat nicht viel Eigengeschmack und fördert eine blättrige Struktur des Teiges; außerdem dient es zum Frittieren. Aus geschmacklichen Gründen greife ich zu Butter, zur Strukturgebung bei Pie-Teigen zu Schweineschmalz (oder Biskin).

BISKIN

Das pflanzliche Pendant zu Schweineschmalz. In Kombination mit Butter sorgt es für die gleiche blättrige Beschaffenheit wie Schmalz. Ich empfehle die geschmacksneutrale Variante. Greifen Sie nicht zu Palmin, es ist zu fest für Teige; zum Braten ist es allerdings gut geeignet.

KOKOSÖL

Kokosöl ist unraffiniert. Es wird aus dem frisch gepressten Kernfleisch von Kokosnüssen gewonnen, Kopra genannt. Kokosöl lässt sich auch aus Kokosmilch extrahieren. Als natives oder kalt gepresstes Kokosöl vermarktet, wird es nicht weiter bearbeitet. Zwar ist der Anteil an Verunreinigungen höher als bei Kokosfett, doch bleiben auch die gesunden Fettsäuren besser erhalten. Kokosöl kann je nach Temperatur fest oder flüssig sein und hat ein ausgeprägtes Kokosaroma. Es hat einen relativ niedrigen Rauchpunkt und ist daher zum Braten nicht zu empfehlen.

KOKOSFETT

Kokosfett ist raffiniert. Es wird aus getrocknetem Kokosmark extrahiert, anschließend raffiniert, gebleicht und desodoriert. Kokosfett ist fest, weiß, geschmacksneutral und zum Braten geeignet.

OLIVENÖL

Es gilt dank seines hohen Anteils an einfach ungesättigten Fettsäuren, die das Herz schützen, als gesündestes Speiseöl. Natives Olivenöl und natives Olivenöl extra bleiben weitgehend unbehandelt, daher sind sie besonders reich an Antioxidanzien – den Polyphenolen. Ich verwende es gern für Brote (Focaccia, s. S. 182), aber auch für Kuchen wie den Schoko-Olivenöl-Kuchen (s. S. 73).

PFLANZENÖL

Ich verwende zum Backen Raps- oder Sonnenblumenöl. Beides sind raffinierte und geschmacksneutrale Öle, die dem Gebäck eine saftige Beschaffenheit verleihen, wie dem Pastinaken-Birnen-Kuchen auf S. 80. Die Sonnenblumen, aus denen Öl gewonnen wird, sind in der Regel nicht genetisch verändert, die meisten Rapssorten hingegen schon. Falls das ein Thema für Sie ist – Etikett lesen!

ÖL ZUM FRITTIEREN

Am besten sind sehr hitzebeständige Öle mit hohem Rauchpunkt geeignet, wie Sonnenblumenöl, Rapsöl, Traubenkernöl, Erdnussöl und Kokosfett. Halten Sie Frittieröl frei von Verunreinigungen, indem Sie es nach dem Gebrauch durch ein feines Sieb gießen. Altes oder verunreinigtes Öl beeinträchtigt den Geschmack der Speisen.

NUSSÖLE

Walnuss-, Haselnuss- und Mandelöl sind teuer und werden schnell ranzig. Ich kaufe sie daher nur in kleinen Mengen und verwende sie für Salate, wo ihr Geschmack am besten zur Geltung kommt.

VOLLMILCH, 3,8 %

Ich verwende ausschließlich Bio-Milch, um sicher zu sein, dass sie keine Rückstände von zusätzlichen Hormonen oder Antibiotika enthält.

FETTARME MILCH, 1,5 %

Auch hier greife ich ausschließlich zu Bio-Milch.

BUTTERMILCH

Sie enthält lediglich 1 % Fett, verleiht Gebäck jedoch eine ganz eigene säuerliche Note. Dank ihrer natürlichen Säure ist sie die perfekte Partnerin für Backnatron. Wenn Sie nach einem Ersatz für Buttermilch suchen, einfach 1 TL Zitronensaft in 200–300 ml einer x-beliebigen Milch (pflanzlich oder tierisch) rühren und einige Minuten warten – fertig ist die hausgemachte Buttermilch.

SAHNE, 30 %, SCHLAGSAHNE EXTRA, 36 %

Ich mag Sahne genauso gern wie jeder andere, verwende sie aber nicht allzu oft. Damit Ihre Schlagsahne festen Stand entwickelt, sollten Sie die Schüssel und das Schlagwerkzeug vor dem Schlagen kühlen und etwas Stärke oder Puderzucker hinzugeben.

CRÈME FRAÎCHE, 30 %

Sie hat ein angenehm säuerliches Aroma und schmeckt köstlich zu einer Pie oder einem Kuchen. Wer Zeit hat, kann Crème fraîche sogar selbst herstellen. Dazu 200 g Sahne mit 1½ EL Buttermilch verrühren und bei Raumtemperatur 8 bis 24 Stunden stehen lassen, bis die Mischung dick wird. Umrühren und bis zu 10 Tage im Kühlschrank lagern.

JOGHURT, 3,5 %

Ich backe gern mit Joghurt. Sie können ihn auch als Ersatz für Buttermilch einsetzen, sollten ihn dann jedoch zuvor mit ein wenig Wasser oder Milch verdünnen.

GRIECHISCHER JOGHURT, 10 %

Er ist wunderbar sahnig und köstlich, einfach perfekt zum Backen. Sein im Vergleich zu gewöhnlichem Joghurt höherer Fettgehalt verleiht Gebäck einen wunderbar zarten Schmelz.

SAURE SAHNE, 10 %

Man kann sie anstelle von griechischem Joghurt verwenden und umgekehrt. Beide sind gute Optionen fürs Backen sowie als Garnitur für Pfannkuchen, Waffeln und anderes Gebäck.

MILCH AUF PFLANZENBASIS

Nehmen Sie bei pflanzlichen Milchersatzprodukten immer die ungesüßte Variante.
Einer neutralen pflanzlichen Alternative zur Kuhmilch kommt HAFERMILCH am nächsten, sie enthält 3 % Fett.
Die meisten Nussdrinkprodukte haben einen Fettgehalt von 2–3 % und einen leicht nussigen Geschmack. Man kann sie gegeneinander austauschen. Hier die wichtigsten Sorten:

MANDELMILCH ist die am wenigsten nachhaltige Option. Um zehn Mandeln zu produzieren, sind 120 l Wasser erforderlich – stellen Sie sich den Wasserverbrauch für 1 l Mandelmilch vor!

CASHEWMILCH ist etwas nussiger im Geschmack als Mandelmilch und lässt sich ganz leicht selbst herstellen. Im Unterschied zu Mandelmilch muss man sie zum Schluss nicht einmal durchsieben: Einfach 150 g ungeröstete Cashewkerne über Nacht (mindestens aber 4 Stunden) in 500 ml kaltem Wasser einweichen. Anschließend unter kaltem Wasser abspülen. In einem leistungsfähigen Mixer die Cashewkerne mit etwa 400 ml Wasser pürieren (über die Wassermenge lässt sich die Konsistenz der Milch beeinflussen). Im Kühlschrank hält sich die Cashewmilch 3–4 Tage.

REISMILCH enthält nur 1 % Fett, viele Kohlenhydrate und wenig Proteine. Trotz des geringen Fettgehalts eignet sie sich beim Backen als Ersatz für Kuhmilch. Von allen Milcherzeugnissen auf Pflanzenbasis birgt Reismilch das geringste Allergiepotenzial.

SOJAMILCH enthält 2 % Fett. Sie ist cholesterinfrei und enthält vergleichsweise wenig Proteine. Für manche Menschen problematisch ist allerdings ihr Gehalt an Isoflavonen, sekundären Pflanzenstoffen, die im menschlichen Körper wie Hormone wirken. Mir gefällt der Geschmack von ungesüßter Sojamilch nicht und zum Backen verwende ich lieber Nuss- oder Reismilch.

GEWÜRZE & KRÄUTER

Gewürze und Kräuter sind für den Koch oder Bäcker wie die Farbpigmente für den Maler. Wichtig ist, sie kennenzulernen, bevor man sie einsetzt. Ihr Duft, ihr Geschmack, ihre Farbe und ihre Textur können bei jedem Ihrer Versuche ein kleines Wunder bewirken. Gewürze und Kräuter machen alles noch ein bisschen persönlicher und aromatischer. Je besser Sie ihre Eigenschaften kennen, um so gezielter können Sie sie kombinieren, um geschmackliche Harmonien oder Kontraste zu erzeugen.
Vor Kurzem bekam ich eine Hydrokultur für die Kräuterzucht geschenkt und seither bin ich süchtig. Ob auf der Fensterbank, auf dem Balkon oder im Garten – ein paar frische Kräuter kann man überall ziehen. Hier sind meine Favoriten:

BASILIKUM

Es gibt mehr als 100 verschiedene Sorten Basilikum. Ganz besonders gern mag ich das kleinblättrige griechische, violettes und Zitronenbasilikum. Das süßliche, bisweilen auch leicht pikante Kraut schmeckt ebenso gut im Alleingang wie in Kombination mit anderen Kräutern. Bereiten Sie mal ein frisches Pesto selbst zu, und Sie machen jemanden glücklich!

CEYLON-ZIMT

Er stammt aus Sri Lanka und Indien, ist von bräunlicher Farbe und wird aus der Innenrinde des Echten Zimtbaums *(Cinnamomum verum)* gewonnen. Ceylon-Zimt ist von leicht zitrusartigem, blumigem Aroma.

CHILI

Denken Sie bei der Verwendung von Chilischoten daran – ob frisch oder getrocknet, je länger sie in einer Zubereitung durchziehen, desto schärfer wird das Ergebnis. Um Chili von den Fingern zu entfernen (Vorsicht, dass er nicht in Augen und Nase gelangt!), die Hände mit Spülmittel waschen, um das in den Schoten enthaltene Chiliöl zu lösen, oder mit Reinigungsalkohol abreiben, er wirkt ebenfalls fettlösend. Man kann die Hände auch in einer Mischung aus Wasser und Maisstärke reinigen. Die Stärke bindet das Öl auf der Haut.

DILL

Ich liebe Dill zu Fisch und in Kombination mit Estragon oder Kerbel. Man sollte ihn jedoch mit Umsicht einsetzen, damit er nicht zu dominant wird und andere Aromen überlagert.

ESTRAGON

Die Estragonpflanze in meinem Garten ist über 30 Jahre alt! Mit seinem lakritzähnlichen Geschmack zählt Estragon zu meinen Lieblingskräutern. Verwenden Sie die französische Variante. Ich kombiniere Estragon mit den meisten Kräutern, außer Basilikum.

KERBEL

Er erinnert im Aussehen stark an Petersilie, hat aber ein kräftigeres, lakritzartiges Aroma und ganz zarte Blätter. Einer meiner Favoriten für feine Suppen und Saucen.

MAJORAN UND OREGANO

Sie sind miteinander verwandt, ich bevorzuge jedoch das blumige Aroma des Majorans. Er ist weniger würzig als Oregano und harmoniert ausgezeichnet mit Kerbel und Estragon.

MINZE

Es gibt so viele verschiedene Sorten Minze, da kann einem der Kopf schwirren. Ziehen Sie einfach Ihre eigene Minze. Schmeckt köstlich im Tee, in Wasser und in Salaten. Für die Verwendung von Minze findet sich immer eine Gelegenheit!

PETERSILIE

Mein Onkel, ein Wissenschaftler, erzählte mir, als ich klein war, Petersilie sei Nahrung fürs Gehirn! Sie enthält tatsächlich eine Substanz, Apigenin genannt, die die Bildung von Neuronen fördert und die Verbindung der Gehirnzellen untereinander stärkt. Allein oder zusammen mit anderen Kräutern – in meiner Küche ist Petersilie unentbehrlich.

ROSMARIN

Vorsicht bei Rosmarin, wenn man zu viel nimmt, schmeckt das Ergebnis gern mal medizinisch! Ich bereite Röstkartoffeln gern mit Rosmarin zu und würze Saucen mit dem Kraut. Allerdings nehme ich es vor dem Servieren wieder heraus.

SALZ

Salzig ist zusammen mit süß, sauer, bitter und umami eine der fünf Geschmacksrichtungen, die wir wahrnehmen können. Genau wie Zucker unterstreicht Salz den Eigengeschmack der Zutaten. Vor allem für Hefegebäck ist Salz unverzichtbar, denn es absorbiert Feuchtigkeit und verzögert dadurch die Fermentation, sodass sich mehr Aroma entwickelt. Salz hat auch eine positive Wirkung auf das Gluten, was sich positiv auf die Textur von Broten auswirkt. Und außerdem begünstigt Salz eine schöne Bräunung beim Backen.

Für Gebäck empfiehlt sich immer feinkörniges Salz. Anders als beim Kochen löst sich grobkörniges Salz beim Backen nicht gleichmäßig auf.

Tafelsalz aus dem Supermarkt, mit oder ohne Jod und Fluorid, ist das ganz gewöhnliche Salz für jede Gelegenheit, und Sie können es auch beim Backen verwenden.

Meersalz, Fleur de sel und Sel gris sind mehr oder weniger grobkörnig: Sie enthalten mehr Mineralien und sind außerdem oft relativ teuer. Der komplexe Geschmack dieser Produkte kommt am besten zur Geltung, wenn man Brot damit bestreut, bevor man es in den Ofen schiebt, oder Tartes und Cookies nach dem Backen sparsam damit besprenkelt. Wenn Sie grobes oder aromatisiertes Meersalz zum Backen verwenden wollen, z. B. geräuchertes Meersalz für einen Brotteig, sollten Sie es in etwas Wasser auflösen, bevor Sie es zum Mehl geben. So verteilt sich das Aroma gleichmäßig und die Textur wird einheitlich.

Aromatisiertes Salz, etwa mit Vanille (s. S. 29), verleiht Gebäck eine ganz besondere Note. Achten Sie darauf, dass das Salz stets fein gemahlen ist.

SESAMSAAT

Sesam wird geschält und ungeschält angeboten, es gibt verschiedene Sorten, darunter schwarzer, weißer und sogar rötlich-brauner Sesam. Sesam kann ranzig werden, darum sollte man ihn möglichst trocken lagern, das verlängert die Haltbarkeit. Wenn Sie Ihr eigenes Tahin machen möchten, einfach die Samen in der Pfanne oder im Ofen leicht bräunen und anschließend im Mixer 5–10 Minuten zerkleinern, bis sie ihr Öl abgeben. Zur Unterstützung einige TL Olivenöl zugeben. Das Tahin hält sich in einem fest verschlossenen Glas im Kühlschrank mehrere Wochen.

VANILLE

Wer mich kennt, weiß, wie gern ich Vanille verwende. Auf der rechten Seite finden Sie zwei Rezepte für selbst gemachten Vanilleextrakt und eins für Vanillesalz. Wählen Sie jeweils, was am besten zu Ihrem Gebäck passt.

ZA'ATAR

Eine säuerlich-herbe Gewürzmischung aus dem Nahen Osten, die sich in vielerlei Weise einsetzen lässt – über Joghurt gestreut und mit ein paar Tropfen Olivenöl als schmackhafter Dip serviert, als Gewürz für meine orientalische Focaccia (s. S. 182) oder auch zum Würzen von geröstetem Gemüse. Mein Do-it-yourself-Rezept steht auf S. 182.

ZITRONENTHYMIAN

Eine der vielen Varianten des Thymians und eines meiner Lieblingskräuter. Zitronenthymian hat ein zitrusfrisches und leicht blumiges Aroma.

Vanilleextrakt mit Wodka

Ich liebe selbst gemachten Vanilleextrakt! Auch Sie können ihn ganz einfach selbst herstellen, und er schmeckt einfach super.

ZUTATEN

1–2 Vanilleschoten
250 ml Wodka (oder jede andere Art von Alkohol mit 40 Vol.-%)
1 kleines Glas oder 1 Flasche mit Schraubverschluss

Die Vanilleschoten in der Mitte durchschneiden und direkt in das saubere Glas legen. Das Auskratzen des Marks ist nicht notwendig!
Nun den Alkohol in das Glas füllen und darauf achten, dass die Schoten gut bedeckt sind.
Die Mischung einige Wochen ziehen lassen. Das Glas zweimal pro Woche schütteln.
Der Vanilleextrakt hält sich ewig – Sie können ihn auch immer wieder mit Alkohol und Vanilleschoten ergänzen.

Vanillesalz

Vanillesalz ist ein Allroundtalent: Fest verschlossen in einem kleinen Glas gelagert, entfaltet es von Tag zu Tag mehr Aroma und es hält ewig.

ZUTATEN

150 g grobes Meersalz
2–4 Vanilleschoten
1 kleines Glas mit Schraubverschluss

Das Meersalz mit den Vanilleschoten im Mixer ganz fein zerkleinern. In einem fest verschlossenen Glas aufbewahren.

Vanilleextrakt mit Glycerin

Wenn Sie das Vanillearoma ohne Alkohol extrahieren möchten, sind Sie hier richtig! Rein pflanzliches Glycerin in Lebensmittelqualität ist sowohl glutenfrei als auch vegan. Es schmeckt selbst leicht süßlich und ist der perfekte Träger für Vanillearoma.

ZUTATEN

etwa 4 Vanilleschoten
300–500 ml Glycerin
1 sterilisiertes Glas mit Schraubverschluss

Die Vanilleschoten längs halbieren, dann quer durchschneiden, um das Vanillemark freizulegen. Es ist nicht notwendig, das Mark auszukratzen.
Die Schoten in das Glas stecken und mit so viel Glycerin auffüllen, dass sie bedeckt sind.
Die Mischung einige Wochen ziehen lassen. Das Glas mehrmals pro Woche schütteln.
Der Vanilleextrakt hält ewig – Sie können ihn auch immer wieder mit Glycerin und frischen Vanilleschoten ergänzen.

AUSSTATTUNG

Gute Arbeitsgeräte, wie eine teure Küchenmaschine, sind immer nur so gut wie die Person, die sie nutzt, und sie sind keine Garantie für ein perfektes Ergebnis. Wer richtig gut backen will, muss gewisse Techniken beherrschen, außerdem braucht man ein bisschen Grundwissen über die Zutaten und gut geschriebene Rezepte. Investieren Sie klugerweise in Werkzeuge, die ein Leben lang halten. Meiden Sie modischen Schnickschnack, die meisten dieser scheinbar nützlichen Utensilien sind überflüssig. Folgende Grundausstattung gehört in jede Küche:

FEINES SIEB
Nicht nur nützlich zum Abtropfen von Zutaten, sondern unverzichtbar für das Sieben von Mehl, Gewürzen und Puderzucker.

MESSLÖFFEL
Ich weiß, viele von Ihnen haben sie bereits, andere wiederum haben noch nie davon gehört! Messlöffel ermöglichen das präzise Abmessen kleiner Mengen von Zutaten wie Natron, Backpulver, Gewürze oder Salz: ¼ TL, ½ TL, 1 TL, 1 EL. Ohne sie würde ich mit dem Backen gar nicht erst beginnen.

MESSBECHER FÜR FLÜSSIGKEITEN
Ich messe Flüssigkeiten lieber über das Volumen ab. Stellen Sie den Messbecher beim Abmessen von Flüssigkeiten immer auf eine gerade, plane Unterlage.

PALETTE, GROSS UND KLEIN
Ideal zum Auftragen und Verstreichen von Füllungen und Buttercreme, ich arbeite mit verschiedenen Größen.

WINKELPALETTE
Sie ahnen gar nicht, wie häufig eine Winkelpalette zum Einsatz kommt, bis Sie eine haben. Ich habe meine immer dabei!

SALZMÜHLE UND PFEFFERMÜHLE
Weil Salz und Pfeffer frisch gemahlen einfach besser schmecken!

KLEINE ELEKTRISCHE MÜHLE
Für Gewürze, Leinsamen und vieles andere mehr ein unerlässliches Hilfsmittel in der Küche, das manches erledigt, was der Mörser nicht kann, zum Beispiel Leinsamen für veganes Gebäck fein zerkleinern.

MÖRSER
Ideal zum Zerstoßen von Gewürzen und für die Zubereitung von Pesto, das im Mörser besser die Struktur bewahrt als in einem elektrischen Mixer. Ein Mörser mit Stößel gehört zur Grundausstattung einer Küche.

DIGITAL-TIMER
Wie sähe mein Leben wohl aus, wenn es keine Digital-Timer gäbe? Mit so einem kleinen Gerät werden Sie nie wieder Nüsse verbrennen lassen oder irgendetwas übergaren! Mein Modell verfügt über zwei Timer mit Count-up- und Count-down-Funktion.

EDELSTAHLTÖPFE, KLEIN & GROSS
Verwenden Sie Töpfe und Pfannen aus Edelstahl mit dickem Boden zur leichteren Regulierung der Hitze.

PFANNEN AUS EISEN

Keine Angst vor unbeschichteten Pfannen aus Schmiede- oder Gusseisen. Ich schwöre auf die Produkte von Gräwe, Turk und Le Creuset. Sie sind relativ kostenintensiv, halten aber ein Leben lang. Und je häufiger man sie benutzt, desto besser werden sie.

BRÄTER

Ein ofenfester Bräter ist nicht nur für Schmorgerichte erste Wahl, sondern auch als Wasserbad für Käsekuchen sehr praktisch.

PFANNENWENDER

Die sicherste Art, Pfannkuchen zu wenden oder Kleingebäck vom Blech zu heben.

MESSER, KLEIN & GROSS

Achten Sie darauf, dass Ihre Messer immer scharf sind. Wenn Sie sich ein Kochmesser zulegen, sollte es relativ schwer in der Hand liegen. Leichtgewichte sind meist von schlechter Qualität.

SPARSCHÄLER

Dazu hat jeder seine eigene Meinung. Nehmen Sie einfach den, mit dem Sie am besten zurechtkommen.

BACKPINSEL

Das effektivste Hilfsmittel, um eine Backform auszubuttern oder Gebäck mit einer Glasur zu überziehen. Achten Sie auf Anzeichen von »Haarausfall«!

BACKOFEN

Jeder Ofen backt anders, das ist eine Tatsache! Manche Backöfen haben eine ziemlich aggressive Hitze, andere sind ein bisschen kühler. Mein Ofen backt am besten mit der Umluft-Einstellung. Machen Sie sich mit Ihrem Backofen vertraut und passen Sie die Ofentemperatur und die Einstellung immer dem Gebäck bzw. Ihrem Backofen an.

KÜHLGITTER

Gebäck kühlt besser ab, wenn die Luft rundherum zirkulieren kann. Gönnen Sie sich daher einen Satz Kühlgitter.

BACKFORMEN

Nicht jeder braucht so viele Backformen wie ich, eine Grundausstattung der gängigen Formen und Größen sollte es allerdings schon sein. Wie manche vielleicht wissen, backe ich ausschließlich mit anodisiertem Aluminium. Es leitet die Hitze schnell und gleichmäßig und hält ein Leben lang. Wenn Sie Formen aus Glas oder Keramik verwenden, kann die Backzeit von den Angaben im Rezept abweichen, da sich diese Materialien langsamer erhitzen. Mit Schwarzblech, Weißblech oder Silikon zu backen, kann ich nicht empfehlen. Hier einige gängige Formen und Größen:

- Biskuitbackformen: Ø 15 cm, Ø 23 cm, Ø 25 cm
- eckige Backformen, 23 × 23 cm, 24 × 32 cm
- Backbleche
- Muffinbackformen
- Mini-Muffinbackformen
- Tarteformen: Ø 12 cm, Ø 23 cm, Ø 25 cm
- Gugelhupfform: Ø 25 cm
- Kastenform: 11 × 29 cm

UMRECHNEN LEICHT GEMACHT

Ich verstehe das: Manchmal müssen Sie die Mengen eines Rezeptes nach oben oder unten justieren. Sei es, dass Sie ein paar mehr hungrige Mäuler zu stopfen oder schlicht nicht die richtige Formgröße zur Hand haben. Regel Nummer eins: Die Größe der Backform ist ein wesentlicher Bestandteil eines Rezepts. Ein Zentimeter mehr oder weniger ist kein Problem, doch alles darüber hinaus erfordert die Anpassung des Rezeptes an die tatsächliche Formgröße. Alles kein Problem, solange Sie die neuen Mengen nicht einfach über den Daumen peilen, sondern genau berechnen.

SCHRITT 1

Zunächst muss die Fläche der Form berechnet werden, die im Rezept angegeben ist. Für quadratische oder rechteckige Formen ist das ganz einfach: multiplizieren Sie einfach die Seitenlängen. Für eine Backform von 24 × 32 cm lautet die Rechnung 24 cm × 32 cm = 768 cm^2.

Um die Fläche einer runden Backform zu ermitteln, multiplizieren Sie den Radius mit sich selbst und das Ergebnis mit der Zahl π (3,14). Der Radius ist die Hälfte des Durchmessers. Wenn also die Backform einen Durchmesser von 25 cm hat, beträgt der Radius 12,5 cm. Die Rechnung lautet dann 12,5 cm × 12,5 cm = 156,25 cm^2 × π (3,14) = 490,62 cm^2.

SCHRITT 2

Jetzt geht es darum, die beiden Größen ins Verhältnis zu setzen. Nehmen wir an, Sie wollen den rechteckigen Kuchen in einer kleineren, runden Form backen. Dann stellen Sie folgende Rechnung auf: 768 ÷ 490 = 1,56. Um uns die Sache zu vereinfachen, runden wir das Ergebnis auf 1,5 ab.

SCHRITT 3

Fast geschafft: Jetzt müssen Sie nur noch die Mengenangabe für jede einzelne Zutat durch 1,5 teilen, um die richtige Menge für die kleinere Backform zu bestimmen.

Und andersherum funktioniert die Rechnung genauso: Wenn Sie eine größere Backform verwenden wollen, dann multiplizieren Sie die Mengen mit der errechneten Verhältniszahl.

VOLUMEN

Wenn Sie das Volumen einer Kuchenform ermitteln wollen, füllen Sie die Form mit Wasser und messen Sie die Menge ab.

TECHNIKEN

Techniken eignet man sich durch Erfahrung und Wissen an – und Wissen ist ja bekanntlich Macht. Manchmal hat man nicht einmal eine Ahnung, was man nicht weiß, bis man sich fragt, warum sich der Kuchen jetzt nicht richtig stürzen lässt. Und manchmal versteht man ein Rezept erst richtig, wenn man es einige Male gebacken hat. Haben Sie Geduld und machen Sie sich Notizen, wenn Sie ein neues Rezept versuchen. Erfolgreich backen ist keine Sache des Zufalls!

Gute Organisation und systematisches Arbeiten in der Küche muss man erlernen, keiner wird mit diesen Fähigkeiten geboren. Folgen Sie den Rezepten immer bis in alle Einzelheiten. Das heißt, die Zutaten sollten die richtige Temperatur, die Backform die richtige Größe haben (oder die Mengen für die neue Größe neu berechnet sein, s. S. 33). Und erledigen Sie zuerst alle Vorbereitungsarbeiten *(mise en place)*, bevor Sie richtig loslegen. Backen ist nicht schwierig, es erfordert aber Präzision. Alles wirkt sich auf alles aus. Die Vorgehensweise ist genauso Teil eines Rezepts wie die Zutaten, die Ofentemperatur und die Backzeit. Werfen wir einen Blick auf ein paar Aspekte:

WELCHE TEIGE WERDEN GEKNETET?

Das Kneten eines Teiges regt das Gluten an, ein im Mehl enthaltenes Protein. Es ist wichtig für die Struktur und Textur von Broten und Kuchen. Hefeteig ist der einzige Teig, der geknetet wird, um ihm Elastizität zu verleihen. Wenn Sie Mürbeteig, Rührteig oder Biskuitteig zu lange durcharbeiten, wird er zu kompakt, zäh und verliert an Volumen.

MÜRBETEIG

Er liefert den Boden für Tartes, Pies und Quiches. Je mehr Zucker und Fett Mürbeteig enthält, desto tückischer kann er bei der Verarbeitung sein. Halten Sie ihn gut gekühlt, dann ist er Ihr Freund.

Temperatur der Zutaten: Außer für shortbreadähnliche Böden (wie bei der Grapefruit Meringue Tarte, s. S. 96) sollten Fett, Flüssigkeiten und Eier immer richtig kalt sein. Kneten Sie Mürbeteig nie wie einen Hefeteig. Die Aktivierung des Glutens ist hier nicht erwünscht, damit der Teig locker und blättrig wird.

Ausrollen: Vor dem Ausrollen sollte man den Teig immer in Backpapier wickeln und mindestens 2 Stunden oder bis zu 2 Tage durchkühlen. Dabei entspannt sich das Gluten und das Fett verfestigt sich, beides erleichtert das Ausrollen. Arbeiten Sie zügig. Bestäuben Sie Arbeitsfläche und Nudelholz leicht mit Mehl. Beginnt der Teig weich zu werden, legen Sie ihn sofort wieder für weitere 15 Minuten in den Kühlschrank, bevor Sie fortfahren. Es ist immer von Vorteil, den Teig nach dem Auskleiden der Form und vor dem Backen nochmals eine Weile kalt zu stellen. Er bewahrt beim Backen besser die Form und wird blättriger in der Konsistenz. Vor allem glutenfreie Teige müssen vor dem Backen noch einmal gekühlt werden.

RÜHR- UND BISKUITTEIG

Wie Mürbeteig mögen auch diese Teige es nicht, wenn man sie zu intensiv und lange bearbeitet. Sobald das Mehl hinzukommt, heißt es – aufpassen! Den Teig nur so lange mischen, bis die Zutaten gleichmäßig verteilt sind. Verwenden Sie zum Unterheben der Zutaten immer einen Spatel (seltener auch einen Schneebesen).

Temperatur der Zutaten: Sämtliche Zutaten sollten bei der Verarbeitung dieselbe Temperatur haben – und zwar Raumtemperatur. Sie dürfen auf keinen Fall zu kalt sein.

HEFETEIG

Vor Hefe muss man keine Angst haben. Die goldene Regel lautet: Behandeln Sie Hefe wie einen Menschen. Sie braucht Wärme, Zuwendung, Geduld und Sorgfalt. Zwar ist es kaum möglich, einen Hefeteig von Hand zu lange und kräftig zu kneten, doch mit maschineller Hilfe besteht diese Gefahr sehr wohl. Kneten Sie den Teig nur so lange, bis er glatt und elastisch ist. An einem heißen Tag benötigt er weniger Zeit zum Gehen. Ist es kalt draußen, schlagen Sie den Teig samt Schüssel in eine Decke ein, stellen Sie ihn jedoch nie direkt auf die Heizung. Wird der Teig beim Gehen gehetzt, schmeckt das Brot säuerlich. Durch zu viel Wärme können die Hefezellen absterben. Hefeteig braucht Zeit, um Geschmack und Textur zu entwickeln. Die meisten Hefeteige können Sie ruhig über Nacht in den Kühlschrank stellen, vor der Weiterverarbeitung müssen sie jedoch wieder 30 bis 45 Minuten auf Raumtemperatur gebracht werden.
Temperatur der Zutaten: Hefe bevorzugt Zutaten, die warm, jedoch nicht heiß sind.
Teig ausrollen: Ich bevorzuge relativ weiche Hefeteige. Sie sind bisweilen etwas schwieriger zu verarbeiten, garantieren aber ein wunderbar luftig-lockeres Ergebnis. Kühlen kann das Ausrollen eines weichen Teiges erleichtern. Setzen Sie Mehl bei der Verarbeitung von Hefeteig – wie anderer Teigen auch – nur sehr sparsam ein. Eine Teigkarte kommt beim Hantieren mit weichen Teigen sehr gelegen. Arbeiten Sie zügig und behandeln Sie den Teig sanft und schonend – Sie werden dafür belohnt!

BUTTERCREME

Bei den Rezepten finden Sie einige neue Buttercremes, darunter auch mehrere vegane! Buttercreme ist zeitlos, köstlich und kinderleicht herzustellen. Die Butter muss immer weich sein, damit sie sich gut mit den anderen Zutaten verbindet. Die Zugabe von kalter Butter kann dazu führen, dass die Creme gerinnt. Nicht verzweifeln, wenn das geschieht – einfach einige EL ganz weiche Butter unterschlagen, bis die Masse wieder glatt und homogen ist.

KUCHEN & TORTEN VORBEREITEN

Am einfachsten geht es bei den Snacking Cakes, für die es in diesem Buch einige Rezepte gibt (s. S. 73, 80). Der Kuchen selbst erfordert keine Vorbereitung vor dem Auftragen der Creme. Anders sieht es bei den Semi-naked Cakes mit mehreren Böden aus (s. S. 74, 82, 84): Hier muss jeder Boden vorbereitet werden. Zunächst werden lose Krümel entfernt. Hat der Boden eine leichte Wölbung, schneidet man sie zur Begradigung mit einem Messer ab (der Abschnitt ist eine leckere kleine Kostprobe!).

BUTTERCREME AUFTRAGEN

Wenn Sie Buttercreme im Voraus herstellen, achten Sie darauf, dass sie zum Auftragen richtig temperiert und streichfähig ist. Verwenden Sie zum Auftragen eine Palette oder Winkelpalette. Ist eine Fruchtfüllung vorgesehen, wird diese zuerst direkt auf dem Tortenboden verteilt, anschließend die Buttercreme auf die Füllung geben. Ist keine Extrafüllung vorgesehen, wird die Buttercreme einfach direkt auf dem Boden aufgetragen. Achten Sie darauf, dass die Schichten bündig übereinanderliegen. Buttercreme ist gewissermaßen der Mörtel, der die Schichten zusammenhält. Lose Krümel zwischendurch immer wieder entfernen. Sobald sämtliche Böden zusammengesetzt sind, können Sie beginnen, den obersten Boden mit Buttercreme zu bestreichen. Bei einem Semi-naked Cake oder einer traditionellen Schichttorte werden zuerst rundherum die Seiten mit Creme bestrichen.

SEMI-NAKED CAKES

Bei diesen Torten werden die Seiten nur mit einer hauchdünnen Schicht Buttercreme versehen, durch die der Boden noch durchscheint. Auf die Oberfläche der Torte wird eine dickere Schicht Buttercreme aufgetragen, der Boden darunter sollte nicht mehr sichtbar sein.

TRADITIONELLE TORTEN

Nachdem sämtliche Schichten zusammengesetzt sind, versehen Sie die gesamte Torte mit einer dünnen Schicht Buttercreme, um Krümel zu fixieren und den Biskuit zu versiegeln. Anschließend stellt man sie 30 Minuten in den Kühlschrank, damit die Creme leicht anzieht, bevor die gesamte Torte mit der abschließenden Schicht Buttercreme bestrichen wird. Durch sie sollte man den Biskuit nicht mehr sehen können.

FRISCHES BLÜTENDEKOR

Um dekorative Blüten frisch zu halten, umwickelt man die Stiele mit Frischhaltefolie und fixiert sie mit Klebstreifen. Das erleichtert das Hineinstecken des Blütenstiels, schützt die Torte vor dem direkten Kontakt mit der Blüte und hält den Stiel feucht. Bohren Sie dann zunächst mit einem Zahnstocher oder einer Spicknadel ein kleines Loch an der gewünschten Stelle und stecken Sie die Blüte hinein.

EIWEISS AUFSCHLAGEN

Eier lassen sich leichter trennen, wenn sie kalt sind. Eischnee entwickelt hingegen mehr Volumen, wenn man das Eiweiß raumtemperiert aufschlägt. Frieren Sie nicht verwendetes Eiweiß in einem Gefrierbeutel mit Zipper ein. Zum Auftauen legt man es über Nacht in den Kühlschrank oder eine Weile in eine Schüssel mit lauwarmem Wasser. Eiweiß muss frei von Eigelbresten sein, sonst wird es nicht steif. Entdecken Sie dennoch Spuren von Eigelb, lassen sie sich mit Küchenpapier aufsaugen und entfernen. Sämtliches zum Aufschlagen verwendete Arbeitsgerät muss zu 100% fettfrei sein. Reiben Sie Schüssel und Schlagbesen mit Essig oder Zitronensaft und Salz ab. So ist sichergestellt, dass alles absolut frei von Fett ist. Durch das Salz und die Säure gewinnt das Eiweiß zusätzliche Stabilität.

KUCHEN SCHNEIDEN

Wischen Sie die Messerklinge nach jedem geschnittenen Stück sauber ab. Eine saubere Klinge garantiert einen sauberen Schnitt. Ich tauche die Klinge vor dem Schneiden nicht in warmes Wasser.

GEBÄCK TRANSPORTIEREN

Durch meine Live-Auftritte im Fernsehen habe ich gelernt, im Zug, Flugzeug oder Auto mit allen Arten von Gebäck, Teigen und Buttercremes zu reisen. Wo immer die Reise hingeht, achten Sie darauf, dass alles gut und sicher verpackt ist und nicht in dem Behälter herumfliegt. Ziehen Sie auch in Betracht, den Kuchen erst vor Ort fertigzustellen. Manchmal lassen sich Tortenböden und Buttercreme viel leichter getrennt transportieren!

GEBÄCK AUFBEWAHREN

Gebäck mag keine Luft. Sie beeinträchtigt seine Textur, was wiederum zu Lasten des Geschmacks geht.

KUCHEN & TORTEN

Buttercreme schützt das Gebäck vor Luftkontakt. Derart geschützt hält es sich im Kühlschrank bis zu 1 Woche.

SCONES, MUFFINS & DONUTS

Scones, Muffins und Donuts schmecken frisch gebacken am allerbesten und sollten noch am selben Tag gegessen werden. Der Verlust an Textur wirkt sich negativ auf die gesamte Qualität aus. Möchten Sie solches Gebäck zu einem Frühstück mitbringen, wiegen Sie die Zutaten am besten am Abend zuvor ab, mischen und backen den Teig jedoch erst am nächsten Morgen. So sparen Sie Zeit und Ihr Gebäck schmeckt immer tadellos.

COOKIES/KEKSE

Cookieteig hält sich im Kühlschrank mindestens 1 Woche, tiefgefroren sogar bis zu 6 Monate! Backen Sie Cookies in kleinen Mengen, je nachdem, wie viele Sie benötigen. Aufbewahrt werden sie in einem luftdicht verschlossenen Behälter.

HEFETEIG

Hefeteige, wie der Süßkartoffelteig auf S. 178, lassen sich am Vorabend ansetzen und über Nacht im Kühlschrank aufbewahren. Vor der Weiterverarbeitung müssen sie jedoch wieder Raumtemperatur annehmen (das dauert 30–45 Minuten).

GEBÄCK ODER TEIG EINFRIEREN UND AUFTAUEN – WIE, WELCHE SORTEN UND WANN?

Sie können jeden Teig oder Rührteig (außer Biskuit), jede Buttercreme und jedes fertige Gebäck bis zu 6 Monate einfrieren. Zuvor sollte es jedoch vollständig abgekühlt sein. Gut verpacken, etikettieren und zum Auftauen über Nacht in den Kühlschrank legen.

FRÜHSTÜCK & SNACKS

Hier finden Sie umwerfende vegane, glutenfreie und klassische Rezepte. Und auch wenn einiges unkonventionell klingt, keine Sorge: Alles wird mit ganz gewöhnlichen Zutaten zubereitet, die sich in jeder Küche finden, und alles schmeckt fantastisch! Jedes einzelne Gebäck hier eignet sich perfekt für ein kleines Frühstück, für einen ausgewachsenen Brunch, ist aber auch später am Tag zu einer Tasse Kaffee hochwillkommen.

Wenn ganz schnell etwas auf dem Tisch stehen muss, halten Sie sich an das Müsli, die Muffins mit Cornflake-Streuseln oder Pekannuss-Dattel-Scones. Falls Sie etwas mehr Zeit erübrigen können, nehmen Sie sich die Pancakes, englische Crumpets oder Blintzes mit gerösteten Äpfeln vor. Und wenn Sie etwas suchen, dass sich einige Tage hält und auch gut transportieren lässt, probieren Sie das Bananenbrot, die Almond Crackers oder kernige Granola Bars. Alle drei werden mit der Zeit sogar noch besser!

gluten frei

Almond Waffles

MANDEL-KAROTTEN-WAFFELN MIT ZIMT

Dieser Teig ergibt wunderbare Waffeln, die wesentlich länger frisch bleiben als konventionelle, weil sie glutenfrei sind. Man kann sie auch mit einer Cashew- oder Frischkäsecreme servieren – wie einen Carrot Cake. So oder so sind sie einfach lecker!

Zubereitung: 20 Minuten
Ergibt 4–6 Waffeln, je nach Größe

100 g gemahlene Mandeln
75 g feine Polenta (Maisgrieß)
50 g glutenfreies Hafermehl
50 g Maisstärke
1 EL Rohrzucker
2 TL Backpulver
½ TL Natron
½ TL Salz
1 Prise Zimt
300 ml Mandel- oder Hafermilch
1 TL Zitronensaft
50 ml mildes Olivenöl oder Kokosöl
fein abgeriebene Schale von 1 Bio-Zitrone
fein abgeriebene Schale von 1 Bio-Orange
1 Ei
1 Karotte (etwa 100 g), gewaschen und fein gerieben
Öl zum Einfetten

Zum Servieren
frische Früchte, gehackte Nüsse und Ahornsirup

1 Gemahlene Mandeln, Polenta, Hafermehl, Maisstärke, Rohrzucker, Backpulver, Natron, Salz und Zimt miteinander vermengen. In einer zweiten Schüssel Mandel- oder Hafermilch, Zitronensaft, Öl, Zitrusschale und Ei verquirlen. Behutsam die flüssige Mischung unter die trockenen Zutaten rühren. Jetzt die geriebene Karotte unterheben.

2 Das Waffeleisen vorheizen und leicht einölen. Den Teig darin portionsweise backen, bis kein Dampf mehr entweicht. Die Waffeln pur genießen oder mit frischen Früchten, gehackten Nüssen und Ahornsirup servieren.

* TIPP

Zum Warmhalten die Waffeln nebeneinander auf eine Servierplatte legen, mit einem Geschirrtuch bedecken und in den kaum angewärmten Backofen stellen. So trocknen die Waffeln weder aus noch bedampfen sie sich gegenseitig, wodurch sie aufweichen.

Pancakes

WIE BEI PAMELA'S IN PITTSBURGH

Jeden Sommer fahren wir zur Familie meines Mannes nach Pittsburgh. Der Besuch ist erst vollkommen, wenn wir diese Pancakes bei Pamela's – einer Institution in Pittsburgh – gegessen haben. Hier mein Tribut an sie.

Zubereitung: 10 Minuten plus Gehzeit
Ergibt 4 große Pancakes, Ø etwa 20 cm

250 ml warme Milch
1 EL Pflanzenöl
105 g Mehl
¼ TL Salz plus 1 Prise
1 TL Backpulver
1 EL Zucker
½ TL Trockenhefe
1 Ei, verquirlt
Butter und Pflanzenöl für die Pfanne

Zum Servieren
Ahornsirup, frische Beeren und Butter oder Joghurt

1 Etwa 3 Stunden vor dem Zubettgehen alle Zutaten außer dem Ei in einer Schüssel vermengen. Mit einem feuchten Tuch bedecken und ein paar Stunden gehen lassen, bis sich Blasen gebildet haben.

2 Jetzt luftdicht abdecken und über Nacht in den Kühlschrank stellen.

3 Am Morgen das Ei dazugeben und mit einem Schneebesen unterschlagen. Der Teig ist relativ dünn – das ist richtig.

4 Jetzt in einer großen, schweren Pfanne (Ø 23–25 cm) 1 TL Butter und 1 TL Pflanzenöl schmelzen lassen. Wenn die Pfanne richtig heiß ist, etwa 100 ml Teig in die Pfanne geben. Die Pfanne sofort schwenken, um den Teig gleichmäßig zu verteilen.

5 Etwa 2 Minuten auf der einen Seite ausbacken, dann wenden. Nach weiteren 1½–2 Minuten auf der anderen Seite ist der Pfannkuchen durchgebacken.

6 Zum Warmhalten die Pfannkuchen nebeneinander auf eine Servierplatte legen, mit einem Geschirrtuch bedecken und in den kaum angewärmten Ofen stellen. So trocknen die Pfannkuchen weder aus noch bedampfen sie sich gegenseitig.

7 Mit Ahornsirup, frischen Beeren und etwas Butter oder Joghurt servieren.

Crumpets

MIT GERÖSTETEN ERDBEEREN

Seit Jahren backe ich live im Fernsehen und versuche immer, das passende Gericht für den Studiogast zu finden. Für den deutschen ZDF-Korrespondenten in London habe ich einmal Crumpets gemacht – eine Art Pfannkuchen, dick und klein.

Zubereitung: 45 Minuten plus 2 Stunden Gehzeit
Ergibt 8 Crumpets

200 ml Milch
100 ml kaltes Wasser
1 TL Rohrzucker
1 Päckchen Trockenhefe (7 g)
150 g Mehl, Type 550
100 g Mehl, Type 405
1 TL Salz
½ TL Natron
50 ml warmes Wasser
20 g Butter zum Ausfetten und Braten

Geröstete Erdbeeren
600 g Erdbeeren, gewaschen, getrocknet und halbiert
50 ml Ahornsirup
50 ml Orangensaft
1 EL Balsamico-Essig
einige Prisen Salz (ich nehme gerne Vanillesalz, s. S. 29)

Zum Servieren
Joghurt

Außerdem
4 Crumpet-Ringe oder Ausstechformen aus Metall (Ø 8 cm)

1 Die Milch bis knapp unter dem Siedepunkt erhitzen (82–85 °C), um bestimmte Enzyme, die das Gluten im Mehl schwächen, zu deaktivieren. Kurz abkühlen lassen. Das Wasser dazugeben, damit die Milch nicht zu heiß ist für die Hefe. Rohrzucker und Hefe hineinrühren. 15 Minuten stehen lassen, bis sich Blasen bilden.

2 In einer großen Schüssel beide Mehlsorten mit dem Salz vermengen. Die Hefemischung dazugeben und mit dem Handmixer oder mit der Küchenmaschine einige Minuten verrühren. Mit einem feuchten Küchentuch zudecken und den Teig 1–2 Stunden gehen lassen, bis ganz viele Bläschen entstanden sind.

3 Für die gerösteten Erdbeeren den Backofen auf 190 °C vorheizen. Die Erdbeeren mit den übrigen Zutaten vermischen, auf einem Backblech verteilen und 20 Minuten rösten. Aus dem Ofen nehmen, in eine Schüssel umfüllen und zum Abkühlen beiseitestellen.

4 Nachdem der Teig gegangen ist, das Natron in dem warmen Wasser auflösen und in den Teig rühren. Jetzt den Teig wieder abdecken und weitere 30 Minuten ruhen lassen.

5 Die Butter schmelzen und die Crumpet-Ringe damit einpinseln.

6 Etwas Butter in einer Bratpfanne zerlassen, die eingebutterten Ringe hineinlegen und jeden Ring knapp zur Hälfte mit Teig füllen. Die Crumpets bei schwacher Hitze braten.

7 Nach etwa 10 Minuten sollte die Oberfläche voller kleiner Löcher sein. Die Crumpets aus den Ringen lösen und jetzt entweder die Oberseite kurz unter dem Grill toasten oder (nicht traditionell!) die Crumpets wenden und die Oberseite anbraten. Entweder gleich mit den Erdbeeren und ein wenig Joghurt servieren oder die Crumpets zum Abkühlen auf ein Gitter legen.

gluten frei

vegan

Overnight Waffles

ÜBERNACHT-BUCHWEIZEN-WAFFELN

Für köstliche Waffeln braucht man weder Eier noch Milch. Diese hier sind nicht nur vegan, sondern auch glutenfrei. Und deshalb wird ihre Konsistenz mit der Zeit sogar noch besser. Wer mag, kann aus dem Teig auch Pfannkuchen backen!

Zubereitung: 10 Minuten plus 8 Stunden Gehzeit
Ergibt 3–4 Waffeln, je nach Größe

400 ml Hafer- oder Nussmilch
1 Päckchen Trockenhefe (7 g)
1 TL Rohrzucker oder Vollrohrzucker
225 g Buchweizenmehl
¼ TL Salz
1 EL fein gemahlene Leinsamen
3 EL heißes Wasser
½ TL Natron
50 ml warmes Wasser
2 TL Ahornsirup
1 Prise Salz
etwas Pflanzenöl oder Kokosfett zum Einfetten

Zum Servieren
Ahornsirup, frische Beeren oder Beerenkompott

1 Die Hafer- oder Nussmilch leicht erwärmen. Die Hefe und den Zucker darin auflösen. In einer Schüssel das Buchweizenmehl mit dem Salz vermengen, die Hefe-Milch-Mischung dazugeben und gründlich untermischen. Die Schüssel luftdicht abdecken und über Nacht (8–12 Stunden) einfach auf dem Küchentisch stehen lassen.

2 Am nächsten Morgen die Leinsamen mit 3 EL heißem Wasser verrühren und mindestens 15 Minuten im Kühlschrank ziehen lassen. Das Natron in 50 ml warmem Wasser auflösen, den Ahornsirup und 1 Prise Salz dazugeben und unter den Buchweizenteig rühren, gefolgt von den aufgequollenen Leinsamen.

3 Das Waffeleisen (oder eine Pfanne) mit ein wenig Öl erhitzen. Testen Sie die Temperatur mit 1 Spritzer Wasser: Wenn es zischt, kann es losgehen! Mit einem großen Löffel oder einer Kelle den Teig portionsweise in das Waffeleisen oder in die Pfanne geben.

4 Für die Waffeln: Wenn kein Dampf mehr aus dem Eisen entweicht, sind die Waffeln fertig. Pancakes: Wenn kleine Bläschen auf der Oberfläche des Pancakes zu sehen sind, wenden. Mit Ahornsirup und frischen Beeren oder Kompott servieren.

vegan

Blueberry Banana Muffins

MIT CORNFLAKE-STREUSELN

REZEPT MIT VEGANER ALTERNATIVE

Zubereitung: 15 Minuten
Ergibt 12 Muffins

220 g Mehl
1 TL Backpulver
1 TL Natron
½ TL Salz
1 Prise geriebene Muskatnuss
250 g Heidelbeeren
100 g Butter, weich
65 g Zucker
1 Ei
1 Banane, fein püriert
100 g saure Sahne oder Joghurt
50 ml Milch
1 TL Vanilleextrakt (s. S. 29)
abgeriebene Schale von
1 Bio-Zitrone
Butter zum Ausfetten

Cornflake-Streusel
35 g Cornflakes
65 g Butter, weich
50 g Rohrohrzucker

1 Den Backofen auf 185 °C Umluft oder Unterhitze vorheizen. Ein Muffinblech leicht fetten.

2 Für das Streusel-Topping in einer Schüssel die Cornflakes mit der weichen Butter und dem Rohrohr zu Streuseln verarbeiten.

3 Mehl, Backpulver, Natron, Salz und Muskat vermengen.

4 Die Beeren waschen und trocknen (falls tiefgekühlte Heidelbeeren verwendet werden, diese auftauen und gut abtropfen lassen).

5 In der Küchenmaschine oder mit dem Handrührgerät die Butter mit dem Zucker in 2 Minuten cremig aufschlagen. Ei, Bananenpüree, saure Sahne, Milch, Vanilleextrakt und Zitronenabrieb dazugeben und kurz weiterschlagen, bis alles vermengt ist.

6 Mit einem Teigschaber die Mehlmischung unterheben, bis gerade so ein Teig entsteht. Die Beeren dazugeben und nur noch so wenig wie möglich rühren – damit der Teig nicht blau wird! Den Teig gleichmäßig auf die Muffinmulden verteilen und auf jeden Muffin etwa 2 EL Cornflake-Streusel geben. Die Muffins 22–24 Minuten backen, bis sie golden sind. 10 Minuten in der Form abkühlen lassen.

Für die vegane Alternative dem Rezept oben folgen, aber Margarine anstelle von Butter verwenden. In Schritt 5 wird das Ei durch 1 EL fein gemahlene Leinsamen ersetzt, die man mit 3 EL heißem Wasser verrührt und 15 Minuten im Kühlschrank ziehen lässt. Die saure Sahne und die Milch gegen 150 ml Hafer- oder Nussmilch und 1 TL Zitronensaft austauschen.

Pecan Date Scones

MIT ORANGENABRIEB

Zubereitung: 20 Minuten
Ergibt 12–14 Scones

275 g Mehl
75 g Haferflocken
3 EL Rohrohrzucker
2½ TL Backpulver
¾ TL Salz
abgeriebene Schale von 1 Bio-Orange
100 g Pekannüsse, grob gehackt
100 g Datteln, entsteint und gehackt
1 EL Mehl
1 Ei
100 ml Milch, kalt
150 g Butter, sehr kalt
Mehl zum Bestäuben

Außerdem nach Belieben
2 EL Milch zum Bestreichen
2 EL Rohrohrzucker zum Bestreuen

1 Den Backofen auf 210 °C Umluft oder Unterhitze vorheizen. Ein Backblech mit Backpapier auslegen. In einer großen Schüssel Mehl, Haferflocken, Zucker, Backpulver, Salz und Orangenschale vermengen.

2 In einer kleinen Schüssel die Pekannüsse mit den Datteln vermischen und mit 1 EL Mehl bestäuben, damit sie nicht zusammenkleben. Das Ei mit der Milch verquirlen. Die kalte Butter in dünne Scheibchen schneiden.

3 Die Butterscheiben mit den Fingern in die Mehlmischung einarbeiten, bis das Ergebnis an grobe Brösel erinnert. Zügig arbeiten, denn nur kalte Butter führt zu einem lockeren und blättrigen Scone (und das ist Ihr Ziel!). Nun die flüssigen Zutaten zugeben und mit einer Gabel untermengen, bis gerade so ein Teig entsteht. Den Teig nicht länger bearbeiten. Die Nuss-Dattel-Mischung hineingeben und kurz unterziehen.

4 Die Masse auf die Arbeitsfläche geben und kurz kneten, sodass er gerade so zusammenkommt: anschließend etwa 2 cm dick ausrollen. Der Teig ist ein bisschen trocken, und das ist auch gut so, denn ein trockener Teig ist ein Garant für einen lockeren Scone!

5 Mit einem Glas oder einem Ausstecher (ø etwa 6 cm) Kreise ausstechen und im Abstand von 4 cm auf das Blech legen. Den Ausstecher jedes Mal in etwas Mehl tauchen, damit der Teig am Rand der Scones nicht zusammengedrückt wird. Die Scones nach Belieben mit Milch bestreichen und mit Zucker bestreuen.

6 Die Scones in etwa 15 Minuten goldbraun backen. Vor dem Servieren auf einem Gitter 10 Minuten abkühlen lassen. Sie schmecken köstlich mit Butter, Clotted Cream oder einfach so.

Blintzes

GEFÜLLT MIT GERÖSTETEN ÄPFELN

Blintzes isst man in New York zum Frühstück. Die dünnen gefüllten Pfannkuchen haben ihren Ursprung in Osteuropa im 18. Jahrhundert und sind mit jüdischen Einwanderern nach Amerika gekommen.

Zubereitung: 60 Minuten
Ergibt etwa 12 Blintzes

Teig

130 g Mehl
¼ TL Salz
3 Eier
200 ml Milch oder saure Sahne
100 ml Wasser
30 g Butter, geschmolzen
Öl oder Butter zum Braten

Geröstete-Äpfel-Füllung

1,2 kg Äpfel, geschält, entkernt und geviertelt
1 Prise Salz
2 EL Zucker (oder mehr nach Geschmack)
30 g Butter
1 Schuss Apfelessig (nach Belieben)

Zum Servieren

griechischer Joghurt oder saure Sahne und frische Beeren

1 Für den Teig alle Zutaten in einer großen Schüssel mit einem Mixer gut aufschlagen. Den Teig 30 Minuten (maximal 2 Stunden) zugedeckt ruhen lassen.

2 Den Backofen auf 190 °C Umluft vorheizen. Die Äpfel mit dem Salz und dem Zucker vermengen und in einer Auflaufform verteilen. Die Butter in Stückchen daraufgeben. Die Form mit einem Deckel oder mit Alufolie verschließen und die Apfelscheiben 30 Minuten backen, bis sie weich sind.

3 Die Folie abnehmen, die Ofentemperatur auf 230 °C erhöhen und die Äpfel weiterbacken, bis sie Farbe bekommen, 10–12 Minuten. Die Äpfel kurz abkühlen lassen, in eine große Schüssel geben, ein wenig zerdrücken und nach Belieben den Apfelessig dazugeben.

4 Für die Blintzes eine kleine Bratpfanne (Ø 18–20 cm) mit geschmolzener Butter oder Öl einpinseln. Wenn die Pfanne richtig heiß ist, 4–5 EL Teig hineingeben und die Pfanne schwenken, um den Teig gleichmäßig zu verteilen.

5 Den Blintz nur auf einer Seite braten, bis er am Rand goldbraun wird und sich vom Pfannenrand löst. Mit der gebratenen Seite nach oben auf ein Geschirrtuch legen und den nächsten Blintz backen. Fertige Blintzes aufeinanderstapeln, die gebratene Seite nach oben.

6 Fertigstellen: 1 gehäuften EL Apfelfüllung auf das untere Drittel eines jeden Blintzes setzen, das Ende darüberklappen, dann die Seiten einschlagen und den Pfannkuchen aufrollen. So weitermachen, bis alle Blintzes fertig sind.

7 In einer großen Pfanne etwas Butter zerlassen und die Blintzes auf beiden Seiten braten, bis sie goldbraun sind. Mit einem Klecks Joghurt oder saurer Sahne und frischen Beeren servieren.

Almond Crackers

MIT TROCKENFRÜCHTEN UND GEWÜRZEN

Vor Kurzem war ich bei einer Party, und jemand hatte Cracker mit Nüssen und Trockenfrüchten mitgebracht – nicht selbst gemacht, aber sehr gut ... Nach einigem Nachdenken und ein paar Versuchen ist schließlich dieses Rezept entstanden.

Zubereitung: 90 Minuten plus Kühlzeit
Ergibt 800 g Teig, verteilt auf 4 Weckgläser

90 g Mehl
75 g Weizenvollkornmehl
1 TL Natron
½ TL Salz
¼ TL gemahlener Koriander
½ TL gemahlene Fenchelsamen
75 g Trockenfrüchte (z. B. Cranberrys, Rosinen und/oder gehackte Aprikosen)
75 g gestiftelte Mandeln
50 g kernige Haferflocken
2 EL Sesamsaat
2 EL Leinsamen
1 EL fein gehackter Rosmarin oder Thymian
1 EL Mehl
250 ml Buttermilch
2 EL Rohzucker
30 g Honig
50 ml fruchtiges Olivenöl
Butter zum Ausfetten

1 Den Backofen auf 175 °C Umluft oder Unterhitze vorheizen. Vier Weckgläser (Ø 10 cm, 6,5 cm hoch) oder vier leere Konservendosen dieser Größe ausbuttern. Die Mehle, das Natron, das Salz und die Gewürze in einer Schüssel vermengen. In eine weitere Schüssel Trockenfrüchte, Mandeln, Haferflocken, Sesam, Leinsamen, Rosmarin und den zusätzlichen EL Mehl geben. Alles sorgfältig mit den Händen vermischen und dabei die Trockenfrüchte voneinander lösen. Beiseitestellen.

2 In einer großen Schüssel Buttermilch, Zucker, Honig und Olivenöl verrühren. Zuerst die Mehlmischung, dann die Trockenfrüchte unterheben. Nur so lange mischen, bis gerade so ein Teig entsteht.

3 Den Teig gleichmäßig auf die vorbereiteten Gläser oder Dosen verteilen und 23–25 Minuten backen.

4 Das Gebäck in den Gläsern auf einem Gitter 10 Minuten abkühlen lassen, dann herauslösen. Ich lasse die kleinen Küchlein gern 1 Tag ruhen, bevor ich sie in ganz dünne Scheiben schneide. Je länger sie ruhen, desto einfacher geht das.

5 Die Cracker fertigstellen: am nächsten Tag einige Bleche mit Backpapier auslegen und den Backofen auf 140 °C Umluft oder Unterhitze vorheizen. Um das Schneiden zu erleichtern, kann man die Küchlein zunächst waagerecht in zwei Hälften schneiden. Dann mit der Schnittfläche nach unten auf das Brett legen und mit einem scharfen Messer oder einem Sägemesser in dünne Scheiben schneiden. Auf die Bleche verteilen und 15 Minuten backen. Umdrehen und weitere 15 Minuten backen. Den Ofen ausschalten und die Mandelcracker darin noch einige Stunden trocknen lassen, bis sie extraknusprig sind. Luftdicht in einem Behälter verstaut, halten sie sich mehrere Monate. Sie schmecken köstlich zu Käse und Feigenkonfitüre!

vegan

Homemade Granola

SELBST GEMACHTES MÜSLI

Sie haben noch nie Müsli selbst gemacht? Hier ist Ihre Chance! Ein bisschen hiervon, ein bisschen davon – komponieren Sie eine Symphonie für den Frühstückstisch, das geht im Nullkommanichts.

Zubereitung: 15 Minuten
Ergibt etwa 500 g

150 g kernige Haferflocken (oder eine Mischung, z. B. mit Dinkel- und/oder Quinoaflocken)
100 g Walnusskerne
50 g Kokoschips
50 g gestiftelte Mandeln
1 EL Leinsamen
¼ TL Salz
3 EL Ahornsirup
3 EL Kokosöl, Olivenöl oder ein anderes Pflanzenöl Ihrer Wahl
50 g Roh- oder Muscovado-Zucker
50 g getrocknete Kirschen, Cranberrys oder Rosinen

1 Den Backofen auf 150 °C Umluft oder Unterhitze vorheizen. Ein Backblech mit Backpapier auslegen. Haferflocken, Walnüsse, Kokoschips, Mandeln, Leinsamen und Salz vermengen.

2 Den Ahornsirup, das Kokosöl und den Zucker in einem kleinen Topf behutsam erhitzen, bis sich der Zucker aufgelöst hat. Die Haferflockenmischung unterziehen, sodass alle Zutaten rundherum gut bedeckt sind.

3 Das Müsli auf dem Blech gleichmäßig verteilen und etwa 30 Minuten im Ofen backen, bis es gerade so trocken ist. Aus dem Ofen nehmen, die getrockneten Früchte unterrühren und das Müsli abkühlen lassen.

vegan

Banana Bread

MIT DATTELN UND CRANBERRYS

Bananenbrot ist mein liebster Begleiter zum Tee. Ich liebe seine Schlichtheit und Vielseitigkeit. Diese vegane Version schmeckt fantastisch – sie zu backen, macht ebenso große Freude, wie sie zu essen. Probieren Sie es aus!

Zubereitung: 20 Minuten
Für 1 Kastenform von 11 × 29 cm

100 ml Mandel-, Cashew- oder Hafermilch
1 TL Apfelessig
2 EL Leinsamen, gemahlen
3 reife Bananen
5 Datteln, entsteint
125 ml Pflanzenöl
50 ml Ahornsirup
75 g Muscovado- oder Rohrzucker
1 EL Vanilleextrakt (s. S. 29)
½ TL Salz
¼ TL geriebene Muskatnuss
½ TL gemahlener Zimt
1 TL Natron
1 TL Backpulver
225 g Mehl
35 g kernige Haferflocken
75 g Walnusskerne, grob gehackt
35 g getrocknete Cranberrys, Rosinen oder getrocknete Kirschen
1 Apfel, entkernt und ungeschält grob geriebenen
Pflanzenöl zum Ausfetten

1 Den Backofen auf 180 °C Umluft vorheizen. Eine Kastenform leicht mit Öl einfetten und mit Backpapier auskleiden.

2 Im Mixer oder mit dem Stabmixer Nuss- oder Hafermilch, Essig, Leinsamen, Bananen, Datteln, Pflanzenöl, Ahornsirup, Zucker und Vanilleextrakt zusammenmixen. In einer großen Schüssel Salz, Gewürze, Natron, Backpulver, Mehl und Haferflocken vermengen. In einer weiteren Schüssel die Walnüsse mit den Trockenfrüchten und dem geriebenen Apfel vermischen.

3 Die flüssigen Zutaten unter die Mehlmischung rühren. Die Walnuss-Apfel-Mischung unterziehen. Die Masse in die Form füllen und in 35–40 Minuten goldbraun backen. Das Bananenbrot 10 Minuten in der Form abkühlen lassen, dann herausnehmen.

gluten frei

vegan

Granola Bars

MÜSLIRIEGEL MIT TROCKENFRÜCHTEN

Machen Sie Ihre Müsliriegel am besten selber, um die Reste von getrockneten Früchten und Nüssen im Vorratsschrank zu verbrauchen. Die Riegel sollten noch weich bleiben. Das geht am besten, wenn man Reis- oder Ahornsirup als Süßungsmittel verwendet und sie nur so lange bäckt, dass sie gerade so zusammenhalten. Ein köstlicher Snack für Zwischendurch!

Zubereitung: 20 Minuten
Für 1 Backform von 23 × 23 cm

- 150 g kernige Haferflocken evtl. glutenfrei
- 100 g zarte Haferflocken evtl. glutenfrei
- 50 g brauner Zucker (oder Rohzucker)
- 50 g gestiftelte Mandeln
- ½ TL Salz (ich nehme gerne Vanillesalz, s. S. 29)
- ¼ TL gemahlener Zimt
- 2 EL Leinsamen
- 2 EL Chiasamen
- 200 g Trockenfrüchte (z. B. Rosinen, Backpflaumen und/oder Cranberrys)
- 4 Datteln, entsteint und fein gehackt
- 1 Apfel, entkernt und ungeschält grob gerieben
- 200 g Mandelbutter
- 50 ml Oliven- oder Sonnenblumenöl
- 50 ml Ahornsirup oder Reissirup
- 1 EL Wasser
- Pflanzenöl zum Ausfetten

1 Den Backofen auf 170 °C Umluft oder Unterhitze vorheizen und eine rechteckige Backform (23 × 23 cm) leicht einölen.

2 In einer großen Schüssel Haferflocken, Zucker, gestiftelte Mandeln, Salz, Zimt sowie Lein- und Chiasamen vermengen. Zuerst die getrockneten Früchte, dann den geriebenen Apfel untermengen. Ich mache das am liebsten mit den Händen, um die Trockenfrüchte dabei voneinander zu trennen und die Zutaten sanft miteinander zu verkneten.

3 In einer weiteren Schüssel Mandelbutter, Öl, Sirup und Wasser verrühren.

4 Die flüssigen Zutaten in die Haferflockenmischung geben und mit einem Holzlöffel gut unterrühren. Die Masse in die Form füllen und mit den Händen gleichmäßig in die Backform drücken.

5 Die Granola Bars 30 Minuten backen. Nach 15 Minuten die Farbe kontrollieren und die Oberfläche mit Backpapier abdecken, falls sie zu schnell dunkel wird.

6 Abkühlen lassen und in Stücke schneiden.

CAKES & TARTES

Jeder mag Kuchen, ob mit Schokolade, vegan, glutenfrei oder in Gestalt einer eleganten Torte. Ich hätte dieses Kapitel auch »Publikumslieblinge« nennen können, weil für jeden Geschmack und Anlass etwas dabei ist. Zum Beispiel der Snacking Cake. Das ist ein viereckiger Kuchen, nur oben mit einer Creme verziert, in Nullkommanichts fertig und auch nach Tagen noch frisch! Während Snack-Kuchen die perfekten Muntermacher für zwischendurch sind, ist der japanische Käsekuchen (glutenfrei!) so locker und luftig, dass man ihn sogar zum Frühstück essen kann – fragen Sie mal meinen Mann.

Und welches Gebäck hat eine so hinreißende Farbe wie die Grapefruit-Baiser-Tarte? Falls Sie nach einer ganz besonderen Torte suchen, werden Sie hier ebenfalls fündig. Außerdem möchte ich Ihnen einige schmucke neue »Accessoires« für ihre Backwerke ans Herz legen, wie die klassische deutsche Buttercreme; ihre eifreie Cousine aus Amerika, das Ermine Frosting; und eine meiner neuen Lieblingssaucen – Miso-Salzkaramell. Sie schmeckt intensiver und vielschichtiger als gewöhnliche Karamellsauce und lässt sich zu dem japanischen Käsekuchen servieren, zum Aromatisieren von Buttercreme verwenden oder direkt aus dem Glas naschen!

vegan

Poke Cake

MIT BEERENSAUCE UND KOKOSNUSSCREME

Zubereitung: 45 Minuten
Für 1 Backform von Ø 23 cm

1 EL Leinsamen, fein gemahlen
3 EL heißes Wasser
200 g Mehl
50 g Maisstärke
150 g Zucker
1 TL Natron
½ TL Backpulver
½ TL Salz (ich nehme gerne Vanillesalz, s. S. 29)
250 ml Hafermilch
80 ml Pflanzenöl
fein abgeriebenen Schale und Saft von 1 Bio-Zitrone
Pflanzenöl zum Ausfetten

Beerensauce
300 g Heidelbeeren oder gemischte Beeren der Saison, gewaschen und getrocknet
Saft von 1 Zitrone
50 g Zucker
2 TL Maisstärke
1 Prise Salz

Topping
400 ml Kokosnusscreme (keine Kokosmilch!), kalt
1–2 EL Puderzucker, gesiebt
1 große Prise Vanillesalz

1 Den Backofen auf 180 °C Umluft vorheizen. In einer kleinen Schüssel die gemahlenen Leinsamen mit 3 EL heißem Wasser verrühren. Mindestens 15 Minuten im Kühlschrank ziehen lassen.

2 Eine Backform (Ø 23 cm; am besten aus Keramik) mit Pflanzenöl einfetten. Mehl, Maisstärke, Zucker, Natron, Backpulver und Salz in einer Schüssel vermengen. In einem Messbecher die Hafermilch mit Pflanzenöl, Zitronenabrieb und Zitronensaft verrühren. Die Leinsamenmischung mit den flüssigen Zutaten aufschlagen.

3 Die Hafermilchmischung zu der Mehlmischung geben und unterrühren, bis gerade so ein Teig entsteht.

4 Den Teig gleichmäßig in der Form verteilen. Den Kuchen 25 Minuten backen.

5 Den Kuchen in der Form auf ein Kuchengitter setzen und etwa 10 Minuten abkühlen lassen. Mit einem Kochlöffelstiel die Oberfläche im Abstand von etwa 2 cm bis zum Boden einpiksen. Jetzt den Kuchen vollständig auskühlen lassen.

6 Für die Sauce alle Zutaten in einem Topf vermengen und etwa 5 Minuten aufkochen, bis die Sauce eindickt. Zur Seite stellen und abkühlen lassen.

7 Wenn der Kuchen ausgekühlt ist, die Sauce darauf verteilen und darauf achten, dass sie in die hineingestochenen Löcher fließt. Den Kuchen in den Kühlschrank stellen, während Sie das Topping machen.

8 Für das Topping die Kokosnusscreme vom Kokoswasser trennen und nur die Creme mit dem Puderzucker steif schlagen. Gleichmäßig auf dem Kuchen verteilen. Sofort servieren oder bis zu 6 Stunden kalt stellen.

Pistachio Bundt Cake

PISTAZIENKUCHEN MIT CRANBERRYS

Perfekt zu einer Tasse Kaffee oder Tee – ein Kuchen, der vor Geschmack nur so strotzen. Kardamom, Anis, Vanille, Zitrone und Limette unterstützen das Aroma der Pistazien, die damit wunderbar zur Geltung kommen. Dieser Kuchen ist einer der Favoriten in meinen Berliner Geschäften.

Zubereitung: 20 Minuten
Für 1 Gugelhupfform von 25 cm Ø

150 g Pistazien
175 g Mehl
50 g Speisestärke
1 TL Natron
1 TL Backpulver
½ TL gemahlener Kardamom
½ TL gemahlener Anis
½ TL Salz (ich nehme gerne Vanillesalz, s. S. 29)
abgeriebene Schale von 1 Bio-Limette
abgeriebene Schale von 1 Bio-Zitrone
100 g Butter, weich
100 ml Olivenöl
175 g Zucker (ich nehme Rohzucker)
3 Eier, raumtemperiert
100 ml Buttermilch
75 g getrocknete Cranberrys, mit Mehl bestäubt und grob gehackt
Butter zum Ausfetten

Glasur
Saft von 1 Limette
Puderzucker, gesiebt

1 Den Backofen auf 170 °C Umluft oder Unterhitze vorheizen. Eine Gugelhupf- oder Napfkuchenform (Ø 25 cm) ausbuttern.

2 Die Pistazien im Mixer fein zerkleinern und in einer großen Schüssel mit Mehl, Speisestärke, Natron, Backpulver, Gewürzen, Salz und der abgeriebenen Zitrusschale vermengen.

3 Die Butter mit der Küchenmaschine oder dem Handrührgerät in 1 Minute weich und cremig rühren. Das Olivenöl und den Zucker zugeben und weiterschlagen, bis die Masse schaumig ist. Lassen Sie sich hier die nötige Zeit. Einzeln die Eier hineinschlagen und gründlich einarbeiten, anschließend die Buttermilch unterrühren.

4 Die Geschwindigkeit auf niedrige Stufe stellen und rasch die Mehlmischung dazugeben. Die gehackten Cranberrys unterziehen. Den Teig nicht länger rühren!

5 Den Teig in die vorbereitete Form füllen. Den Kuchen in etwa 40 Minuten goldbraun backen. Zur Kontrolle in der Mitte mit einem Zahnstocher einstechen. Kommt er sauber wieder heraus, ist der Kuchen fertig. 10 Minuten in der Form abkühlen lassen, dann herausnehmen.

6 Für die Glasur den Saft der Limette mit einer ausreichenden Menge Puderzucker zu einem dünnen Guss verrühren und über den abgekühlten Kuchen träufeln.

gluten frei

vegan

Cobbler

OBSTKUCHEN À LA KOPFSTEINPFLASTER

REZEPT MIT GLUTENFREIER & VEGANER ALTERNATIVE

Zubereitung: 25 Minuten
Für 1 Backform von 23 cm Ø

1 kg Obst oder Beeren der Saison, gewaschen, falls nötig entkernt und klein geschnitten
75 –100 g Rohrohrzucker, je nach Süße der Früchte
1 EL Speisestärke

Teig
105 g Mehl
35 g feine Polenta (Meisgrieß)
1 TL Natron
½ TL Salz
60 g Butter, weich
60 g Zucker (oder Rohrohrzucker)
1 Ei
60 ml Buttermilch (oder Joghurt)
fein abgeriebene Schale von 1 Bio- Zitrone
Butter zum Ausfetten

Zum Servieren
Schlagsahne, Joghurt, Kokosjoghurt oder Vanilleeis

1 Den Backofen auf 180 °C Umluft oder Unterhitze vorheizen. Eine Backform (Ø 23 cm) leicht einfetten. Das vorbereitete Obst mit Zucker und Speisestärke vorsichtig vermengen und gleichmäßig in der Backform verteilen.

2 Für den Teig Mehl und Polenta mit Natron und Salz vermengen. In einer zweiten Schüssel mit dem Handmixer die Butter mit dem Zucker aufschlagen. Das Ei gefolgt von der Buttermilch und der Zitronenschale dazugeben und weiterschlagen. Mit einem Holzlöffel oder Teigschaber die Mehlmischung unterheben, bis gerade so ein Teig entsteht.

3 Mit einem Löffel den Teig in großen Batzen auf die Früchte geben.

4 Im unteren Drittel des Backofens 40 Minuten backen, bis der Kuchen golden ist. Nach 30 Minuten die Farbe kontrollieren und falls nötig die Oberfläche für den Rest der Backzeit mit Backpapier abdecken. Den Kuchen warm mit Schlagsahne, (Kokos-)Joghurt oder Vanilleeis servieren oder pur genießen.

Für die glutenfreie Alternative dem Rezept oben folgen, aber in Schritt 2 das Mehl durch je 45 g feinen Maisgrieß, Hafermehl und Reismehl ersetzen.

Für die vegane Alternative dem Rezept oben folgen, aber Pflanzenöl anstelle von Butter verwenden. In Schritt 2 wird das Ei durch 1 EL fein gemahlene Leinsamen ersetzt, die man mit 3 EL heißem Wasser verrührt und 15 Minuten im Kühlschrank ziehen lässt. Die Buttermilch gegen 60 ml Hafer- oder Nussmilch und 1 TL Essig austauschen.

vegan

Peanut Butter Apple Coffee Cake

STREUSELKUCHEN MIT ERDNUSSBUTTER UND ÄPFELN

Zubereitung: 20 Minuten
Für 1 Backform von 32 × 24 cm

Streusel
40 g Mehl
80 g kernige Haferflocken
40 g Muscovado-Zucker
½ TL gemahlener Zimt
¼ TL Salz
60 g cremige Erdnussbutter

Teig
280 g Mehl
2 TL Backpulver
1 TL Natron
½ TL gemahlener Zimt
½ TL Salz
290 g cremige Erdnussbutter
2 Bananen, püriert
1 TL Leinsamen
100 g brauner Zucker
1 TL Vanilleextrakt (s. S. 29)
200 ml Hafermilch
½ TL Apfelessig
1 Apfel, entkernt und dünn geschnitten (Schälen ist nicht nötig)
Pflanzenöl zum Ausfetten

1 Den Backofen auf 175 °C Umluft oder Unterhitze vorheizen. Eine Backform (32 × 24 cm) leicht einölen. Für die Streusel sämtliche Zutaten locker miteinander vermengen.

2 Für den Teig Mehl, Backpulver, Natron, Zimt und Salz in einer Schüssel vermengen.

3 Die Erdnussbutter mit der Küchenmaschine oder dem Handrührgerät mit den pürierten Bananen, den Leinsamen, dem braunen Zucker und dem Vanilleextrakt gründlich verrühren. Die Hafermilch und den Essig zugießen und einarbeiten. Zuerst die Mehlmischung und dann den geschnittenen Apfel sanft unterheben. Den Teig gleichmäßig in der Form verteilen und mit den Streuseln bedecken.

4 Den Kuchen in 32–35 Minuten goldbraun backen. Vor dem Servieren etwa 30 Minuten abkühlen lassen.

vegan

Chocolate Sheet Cake

SCHOKO-OLIVENÖL-KUCHEN MIT TAHIN-FROSTING

So sehr ich runde Torten liebe, dieser quadratische Kuchen ist einfach fabelhaft und supermodern! Den Rand lasse ich nackt, damit jeder genau das gleiche Stück Kuchen bekommt! Man kann den Kuchen auch mit anderen Frostings kombinieren (s. S. 103–107).

Zubereitung: 40 Minuten
Für 1 Backform von 23 × 23 cm (oder Ø 25 cm)

Kuchen

100 g Zartbitterschokolade, in Stücke gebrochen
300 ml kochend heißes Wasser oder Kaffee
80 g ungesüßtes Kakaopulver
200 g Mehl
1½ TL Natron
½ TL Backpulver
¾ TL Salz (ich nehme gerne Vanillesalz, s. S. 29)
125 g Zucker
75 g Muscovado-Zucker oder brauner Zucker
80 ml Olivenöl
1 EL Essig
Öl zum Ausfetten

Frosting

125 g Margarine, weich
150 g Tahin
200 g Puderzucker, gesiebt
1 TL Vanilleextrakt (s. S. 29)
1 Prise Salz (ich nehme gerne Vanillesalz)
1 TL Instant-Espressopulver, in 1 TL heißem Wasser aufgelöst (nach Belieben)

1 Den Backofen auf 175 °C Umluft oder Unterhitze vorheizen. Eine Backform (23 × 23 cm oder Ø 25 cm) leicht mit Öl einfetten.

2 Mit einem Schneebesen die Schokolade in dem heißen Wasser bzw. Kaffee auflösen. Weiterrühren und das Kakaopulver untermischen. Zur Seite stellen.

3 In einer großen Schüssel das Mehl mit Natron, Backpulver, Salz, Zucker und braunem Zucker vermengen.

4 Das Olivenöl sowie den Essig zur Schokoladenmischung geben. Die flüssigen Zutaten zur Mehlmischung geben und mit einem Teigschaber nur gerade so lange rühren, bis der Teig zusammenkommt und keine Klumpen mehr zu sehen sind. Nicht länger rühren!

5 Den Teig in die Backform geben. 27–29 Minuten backen, bis der Kuchen zurückfedert, wenn man daraufdrückt. Bei der Garprobe dürfen keine Teigreste an dem hineingestochenen Holzspieß haften. Den Kuchen 10 Minuten in der Form abkühlen lassen. Aus der Form lösen und auf einem Kuchengitter völlig auskühlen lassen.

6 Für das Frosting alle Zutaten mit der Küchenmaschine oder dem Handrührgerät zunächst langsam verrühren, damit sich die Zutaten verbinden, dann 5 Minuten kräftig aufschlagen, bis das Frosting hell und luftig ist.

7 Wenn der Kuchen vollständig ausgekühlt ist, mit dem Frosting verzieren. Ich lasse gern die Seiten frei, um möglichst viel Frosting obendrauf zu haben!

Coconut Pistachio Cake

KOKOS-PISTAZIEN-TORTE MIT BAISER-BUTTERCREME

Eine ganz besondere Torte für einen ganz besonderen Menschen oder einen ganz besonderen Anlass. Ja, sie ist klein ... und das macht sie so außergewöhnlich und fein. Vielleicht ist sogar ein Ring darin? Vielleicht ein Schlüssel zu irgendetwas? Vielleicht wollen Sie aber auch nur jemandem Ihre Zuneigung ausdrücken.

Zubereitung: 40 Minuten
Für 1 Torte mit 4 Böden à Ø 15 cm

3 Eigelb (das Eiweiß für die Buttercreme verwenden)
200 ml Milch
1 TL Vanilleextrakt (s. S. 29)
140 g Mehl
125 g gemahlene Pistazien
50 g gesüßte Kokosraspel
125 g Rohzucker
3 TL Backpulver
½ TL Salz
90 g Butter, weich
Butter zum Ausfetten

Zum Bestreichen
Baiser-Buttercreme (s. S. 103)

Garnitur
frische Früchte, Beeren oder Kokosraspel

1 Den Backofen auf 175 °C Umluft oder Unterhitze vorheizen. Zwei runde Backformen (Ø 15 cm) ausbuttern.

2 Die Eigelbe mit der Milch und dem Vanilleextrakt verquirlen. In einer weiteren Schüssel Mehl, gemahlene Pistazien, Kokosraspel, Zucker, Backpulver und Salz vermengen.

3 Die weiche Butter in die trockenen Zutaten schneiden und mit den Fingern in die Mischung grob einarbeiten.

4 Mit der Küchenmaschine oder dem Handrührgerät die Eigelbmischung nach und nach einarbeiten, etwa 2 Minuten.

5 Den Teig gleichmäßig auf die vorbereiteten Formen verteilen.

6 Die Böden 23–25 Minuten backen. Zur Kontrolle in der Mitte mit einem Zahnstocher einstechen. Kommt er sauber wieder heraus, sind die Böden fertig. 10 Minuten in der Form abkühlen lassen, dann herauslösen.

7 Die Baiser-Buttercreme auf S. 103 für die Torte zubereiten.

8 Die Torte erst zusammensetzen, wenn die Böden vollständig abgekühlt sind. Unebenheiten an der Oberseite der Böden mit einem Sägemesser begradigen, jeden Boden waagerecht halbieren. Drei Böden nacheinander im Aufbau jeweils mit einigen EL der Baiser-Buttercreme bestreichen und übereinanderschichten. Den letzten mit der glatten Unterseite nach oben darauflegen. Jetzt die Torte dünn und gleichmäßig mit der Creme bestreichen. Auf die Oberseite mehr Buttercreme auftragen und mit einer Palette dekorative Spiralmuster einzeichnen. Mit frischen Früchten, Beeren oder Kokosraspeln verzieren.

gluten frei

German's Chocolate Cake Roll

MIT KOKOSRASPELN

Zubereitung: 40 Minuten
Ergibt 10–12 Stücke

Füllung
200 g Schlagsahne
3 Eigelb (das Eiweiß einfrieren und anderweitig verwenden!)
80 g Zucker
40 g Muscovado- oder Rohrohrzucker
1 TL Vanilleextrakt (s. S. 29)
100 g Butter, kalt, in Stücke geschnitten
125 g Pekannüsse, fein gehackt
100 g Kokosraspel

Teig
100 g Zartbitterschokolade
75 g Vollmilchschokolade
1 TL Pflanzenöl
6 Eier, getrennt
175 g Zucker
1 Prise Salz
2 EL ungesüßtes Kakaopulver
Butter zum Ausfetten
1 EL Kakaopulver zum Bestreuen des Backpapiers
½ TL Essig für die Schüssel
¼ TL Salz für die Schüssel

Außerdem
15 g gesüßte Kokosraspel
20 g Pekannüsse, fein gehackt

1 Für die Füllung in einem Topf Sahne, Eigelbe, beide Zuckersorten und Vanilleextrakt verquirlen. Auf niedriger Stufe unter ständigem Rühren mit einem Holzlöffel etwa 12 Minuten erhitzen, bis die Mischung den Löffelrücken überzieht. Nicht aufkochen!

2 Die Creme vom Herd nehmen, nach und nach mit einem Schneebesen die Butterstücke unterrühren, bis die Mischung glatt ist. Die gehackten Pekannüsse und die Kokosraspel unterrühren, die Creme in eine Schüssel umfüllen und im Kühlschrank kalt stellen.

3 Den Backofen auf 180 °C Umluft oder Unterhitze vorheizen. Ein Backblech leicht mit Butter einfetten. Anschließend mit Backpapier auslegen, dieses ebenfalls leicht buttern und mit dem Kakaopulver bestäuben.

4 Für den Teig die Schokolade in einer hitzebeständigen Schüssel über einem Topf mit köchelndem Wasser schmelzen. Herunternehmen und das Pflanzenöl unterrühren. Etwas abkühlen lassen.

5 Eine große Schüssel für den Eischnee mit ½ TL Essig und ¼ TL Salz auswischen. Nicht ausspülen. So stellen Sie sicher, dass die Schüssel absolut fettfrei ist. Salz und Essig stabilisieren das Eiweiß und sorgen dafür, dass es beim Aufschlagen nicht grießig wird.

→ Rezept geht weiter auf Seite 78/79

6 Die Eigelbe mit 150 g des Zuckers und 1 Prise Salz mit der Küchenmaschine oder dem Handrührgerät 5 Minuten aufschlagen, bis die Masse hellgelb und schaumig ist. Die geschmolzene Schokolade unterziehen und beiseitestellen.

7 Den Schneebesen gründlich spülen, er muss absolut fettfrei sein. Die Eiweiße schlagen, bis sich weiche Spitzen bilden. Weiterschlagen und dabei langsam die restlichen 25 g Zucker dazugeben, bis der Eischnee fest, aber nicht trocken ist.

8 Ein Drittel des Eischnees unter die Schokomasse ziehen, um sie etwas aufzulockern. Anschließend behutsam den Rest unterheben, dabei achtgeben, dass der Eischnee nicht wieder zusammenfällt! Den Kakao auf die Masse sieben und kurz unterziehen.

9 Die Biskuitmasse auf dem Blech verteilen, sodass ein Rechteck entsteht (etwa 30 × 32 cm), am Rand ein wenig höher.

10 Den Biskuit im mittleren Teil des Ofens 13–14 Minuten backen. Abkühlen lassen. Ich bedecke ihn beim Abkühlen mit einem ganz leicht feuchten Küchentuch. Nicht aufrollen.

11 Nach etwa 20 Minuten einen Bogen Backpapier zuschneiden, der 10 cm größer ist als der Biskuit. Den Biskuit mit den Kokosraspeln und den Pekannüssen bestreuen, mit dem Backpapier bedecken und mit dem Blech umdrehen. Blech und Backpapier abnehmen. Den Biskuit abkühlen lassen, harte Partien am Rand wegschneiden, dann lässt er sich leichter rollen.

12 Die Füllung gleichmäßig auf dem Biskuit verstreichen, rundherum am Rand einen 2 cm breiten Streifen frei lassen. Den Biskuit mithilfe des Backpapiers von der Längsseite her fest aufrollen. Mit der Nahtstelle nach unten auf eine Platte legen und die Enden begradigen. Die Rolle vor dem Servieren mindestens 1 Stunde kalt stellen.

Parsnip & Pear Snacking Cake

PASTINAKEN-BIRNEN-KUCHEN MIT MISO-KARAMELL-FROSTING

Zubereitung: 60 Minuten
Für 1 Backform von 23 × 23 cm

150 g Butter
300 g Mehl
1 TL Backpulver
1 TL Natron
1 TL Salz (ich nehme gerne Vanillesalz, s. S. 29)
½ TL geriebene Muskatnuss
½ TL gemahlener Zimt
75 g Pekannüsse oder Walnusskerne
2 Pastinaken (etwa 250 g)
2 Birnen
60 g Muscovado-Zucker
75 g Zucker
3 Eier
200 g saure Sahne
1 TL Vanilleextrakt (s. S. 29)
1 TL frisch geriebener Ingwer
Butter zum Ausfetten

Miso-Karamell-Frosting
225 ml Miso-Karamell (s. S. 101)
150 g Butter, weich
300 g Puderzucker, gesiebt

Zum Bestreuen
1 Handvoll Pekannusskerne, grob gehackt

1 Zuerst bräunen wir die Butter für den Teig: die Butter in einen Topf mit hellem Boden geben (damit man die Farbe wahrnimmt) und langsam erhitzen, bis sie dunkel wird! Das dauert etwa 5 Minuten. Gleich eine zweite Schüssel bereitstellen, um die Butter umzugießen, sobald sie die richtige Farbe hat, damit sie nicht weiterkocht.

2 Eine Backform (23 × 23 cm) leicht buttern. Den Backofen auf 180 °C Umluft oder Unterhitze vorheizen. In einer großen Schüssel das Mehl mit Backpulver, Natron, Salz und Gewürzen vermengen. Die Nüsse Ihrer Wahl leicht rösten und grob hacken.

3 Die Pastinaken schälen und grob reiben. Das Innere kann holzig sein, deshalb besser entsorgen. Die Birnen schälen, entkernen und ebenfalls grob reiben. Sie werden dabei ziemlich viel Saft abgeben, und der muss unbedingt mit in den Teig hinein!

4 Mit der Küchenmaschine oder dem Handrührgerät die braune Butter mit den beiden Zuckersorten verquirlen. Die Eier nacheinander dazugeben, gefolgt von der sauren Sahne, dem Vanilleextrakt und dem Ingwer. Jetzt das Mehlgemisch grob unterheben, gefolgt von den Pastinaken, den Birnen und den Nüssen. Den Teig kurz, aber gründlich vermischen und gleichmäßig in der Backform verteilen. 35–37 Minuten backen. Den Kuchen auf einem Gitter abkühlen lassen. Währenddessen das Frosting machen.

5 Für das Frosting den Miso-Karamell von S. 101 zubereiten und abkühlen lassen. Mit der Küchenmaschine oder dem Handrührgerät zuerst die Butter mit dem Puderzucker 4 Minuten aufschlagen. Langsam den Miso-Karamell unterschlagen, bis das Frosting schön luftig ist. Jetzt den Kuchen quer halbieren, mit dem Frosting füllen und zum Schluss die Oberseite nach Lust und Laune mit Frosting bestreichen und mit Pekannusskernen bestreuen.

vegan

Semi-naked Chocolate Cake

SCHOKOLADENTORTE

Mit diesem Rezept wurde meine Leidenschaft für das vegane Backen geweckt. Eine Torte, aber schlicht und einfach – ich bin sicher, sie wird auch Ihr Herz erobern. Nehmen Sie das Schokofrosting oder setzen Sie mit Vanillebuttercreme einen Akzent – wie Sie wollen!

Zubereitung: 45 Minuten plus Kühlzeit
Für 1 Torte mit 3 Böden à Ø 15 cm

Böden
200 ml Nussmilch
1 TL Essig
200 g Apfelmus
125 ml Pflanzenöl
50 ml Wasser
1 EL Vanilleextrakt (s. S. 29)
175 g Rohrzucker
225 g Mehl
75 g ungesüßtes Kakaopulver
2 TL Natron
1 TL Backpulver
½ TL Salz
Pflanzenöl zum Ausfetten

Zum Bestreichen
veganes Ermine- oder Schokoladen-Frosting (s. S. 106, 107)

Außerdem
Beeren, Blüten und/oder Zuckerstreusel zum Verzieren

1 Den Backofen auf 170 °C Umluft oder Unterhitze vorheizen. Drei runde Backformen (Ø 15 cm) ausfetten. Nussmilch, Essig, Apfelmus, Pflanzenöl, Wasser und Vanilleextrakt verquirlen.

2 In einer großen Schüssel Rohrohrzucker, Mehl, Kakao, Natron, Backpulver und Salz vermengen.

3 Die flüssigen Zutaten in die Mehlmischung geben und nur so lange rühren, bis der Teig schön zusammenkommt.

4 Den Teig gleichmäßig auf die Backformen verteilen. 25 Minuten backen. Mit einem Metallspieß oder Zahnstocher die Garprobe machen.

5 Die Böden 10 Minuten abkühlen lassen, dann auf Kuchengitter stürzen und vollständig auskühlen lassen.

6 Das Frosting für die Torte zubereiten.

7 Die Torte zusammensetzen: jeden Boden mit einem Sägemesser waagerecht gerade schneiden. Den unteren Boden mit etwas Frosting bestreichen. Den zweiten Boden mit der Schnittseite nach unten auflegen und ebenfalls mit Frosting bestreichen. Den letzten Boden daraufsetzen und leicht andrücken. Die Torte rundherum sehr dünn mit Frosting überziehen, das restliche Frosting in einen Spritzbeutel füllen und Tupfen auf die Oberseite spritzen. Die Torte oben mit Beeren, Blüten und/oder Zuckerstreuseln verzieren.

Semi-naked Vanilla Cake

VANILLE-BUTTERCREMETORTE

»Semi-naked« bedeutet, dass der Kuchen am Rand dünn mit Buttercreme bestrichen wird, ein »Naked Cake« bleibt nackt, so einfach ist das. Ich mag beide Varianten. So oder so, das ist eines der besten Rezepte für Vanilla Cake, die ich kenne!

Zubereitung: 60 Minuten
Für 1 Torte mit 3 Böden à Ø 15 cm

Böden
225 g Mehl
50 g Maisstärke
¾ TL Backpulver
½ TL Natron
½ TL Salz
175 g Zucker
3 Eiweiß (Eigelb für die Buttercreme verwenden)
200 ml Buttermilch
2 TL Vanilleextrakt (s. S. 29)
125 g Butter, weich
Butter zum Ausfetten

Zum Bestreichen
klassische deutsche Buttercreme (s. S 102)

Außerdem
frische Beeren der Saison für die Füllung (nach Belieben)
essbare Blüten, bunte Zuckerstreusel und/oder Früchte für die Dekoration

1 Den Backofen auf 170 °C Umluft oder Unterhitze vorheizen. Drei runde Backformen (Ø 15 cm) leicht buttern. Mehl, Maisstärke, Backpulver, Natron, Salz und Zucker in einer großen Schüssel vermengen. Eiweiße, Buttermilch und Vanilleextrakt verquirlen.

2 Die weiche Butter stückchenweise zur Mehlmischung geben. Mit Küchenmaschine oder Handmixer die Butter grob einarbeiten. Die Eiweißmischung in drei Portionen hinzufügen. Nach jeder Zugabe kurz rühren.

3 Den Teig gleichmäßig auf die Backformen verteilen. 25 Minuten backen. Mit einem Metallspieß oder Zahnstocher die Garprobe machen.

4 Die Böden 10 Minuten abkühlen lassen, dann auf Kuchengitter stürzen und vollständig auskühlen lassen.

5 Die Buttercreme zubereiten wie auf Seite 102 beschrieben.

6 Die Torte zusammensetzen: jeden Boden mit einem Sägemesser waagerecht gerade schneiden. Einen Boden mit etwas Buttercreme bestreichen, nach Belieben Beeren darauf verteilen. Den zweiten Boden mit der Schnittseite nach unten auflegen und ebenfalls mit Buttercreme bestreichen und mit Beeren belegen. Den letzten Boden daraufsetzen und leicht andrücken. Die Torte rundherum sehr dünn mit Buttercreme überziehen und oben mit der restlichen Buttercreme, Blüten und/oder Früchten und Zuckerstreuseln verzieren.

gluten frei

Cheesecake

AUS JAPAN

Was ist so besonders an japanischem Cheesecake? Er ist wesentlich leichter als sein europäischer oder amerikanischer Cousin, und meine Version ist sogar glutenfrei! Mein Mann liebt ihn zum Frühstück. Ich könnte noch ein wenig mehr Disziplin aufbringen und zumindest bis 11 Uhr auf ein Stückchen warten ... Bei diesem Rezept muss man richtig präzise arbeiten: erst mal alle Zutaten vorbereiten und dann die Anleitung ganz genau befolgen wie ein Flugzeugbauer bei seiner Arbeit. Am Ende gibt's dafür die Glückshormone!

Zubereitung: 30 Minuten plus 3 Stunden Kühlzeit
Für 1 Backform von 15 cm Ø

10 g Butter zum Ausbuttern der Backform
10 g Mandelmehl zum Ausstäuben der Backform
½ TL Essig für die Schüssel
¼ TL Salz für die Schüssel
3 Eier, getrennt
25 g Mandelmehl (oder 25 g Mehl, wenn der Kuchen nicht glutenfrei sein muss)
15 g glutenfreie Speisetärke
fein abgeriebene Schale von 1 Bio-Zitrone
1 Prise Salz
35 + 35 g Zucker für das Eiweiß
50 ml Milch
1 TL Zitronensaft
125 g Frischkäse (Doppelrahmstufe)
30 g Butter

Glasur
1 EL Aprikosengelee
1 EL heißes Wasser

1 Den Backofen auf 200 °C Ober-/Unterhitze vorheizen. Für das Wasserbad einen Bräter oder ein tiefes Backblech in das untere Drittel des Ofens stellen und mit heißem Wasser befüllen. Eine Backform (Ø 15 cm) leicht buttern, mit 10 g Mandelmehl ausstreuen und in Alufolie wickeln, um sie für das Wasserbad abzudichten.

2 Eine Schüssel für das Eiweiß mit Essig und Salz auswischen. Nicht ausspülen, denn Essig und Salz stabilisieren das Eiweiß beim Aufschlagen.

3 Die Eiweiße in die vorbereitete Schüssel geben. Die Eigelbe in eine kleine Schüssel geben. Mandelmehl mit Speisestärke, Zitronenschale und 1 Prise Salz vermengen. Zweimal 35 g Zucker abwiegen und 50 ml Milch sowie 1 TL Zitronensaft bereitstellen.

4 Einen niedrigen Topf mit ein wenig Wasser aufsetzen. Eine Schüssel nehmen, die auf den Topf passt. Frischkäse und Butter in die Schüssel geben und auf das Wasserbad stellen. Langsam schmelzen lassen und dabei mit einem Schneebesen aufschlagen, bis eine glatte Masse entsteht. Die Schüssel vom Wasserbad nehmen.

5 Mit einem Schneebesen 35 g Zucker, die Eigelbe, die Milch und den Zitronensaft unter die Käsemasse schlagen. Die Mandelmehl-Stärke-Mischung dazugeben und kurz weiterschlagen.

6 Jetzt die Eiweiße auf mittlerer Geschwindigkeit aufschlagen. Langsam, unter ständigem Rühren den restlichen Zucker (35 g) hineinschlagen, bis das Eiweiß weiche Spitzen bildet. Nicht steif schlagen!

7 Ein Drittel des Eiweißes unter die Käsemischung heben. Sanft, aber gründlich das restliche Eiweiß unter die Käsemischung heben. Die Masse gleich in die Backform geben und in den Ofen in das vorbereitete Wasserbad stellen. 18 Minuten backen. Dann die Temperatur auf 160 °C reduzieren und den Kuchen weitere 12 Minuten backen. Anschließend den Ofen ausschalten, aber den Kuchen in der Restwärme noch weitere 30 Minuten backen.

8 Nach 30 Minuten die Ofentür öffnen und den Cheesecake noch 10 Minuten im Ofen ruhen lassen. Anschließend den Kuchen herausnehmen und aus der Backform lösen. Auf einem Gitter abkühlen lassen. Vor dem Servieren für mindestens 3–4 Stunden in den Kühlschrank stellen. Das Aprikosengelee mit dem Wasser erhitzen und den Kuchen vor dem Anschneiden damit einpinseln.

Apple Pan Dowdy

APFELKUCHEN MIT PATCHWORK-PIE-KRUSTE

Apple Pan Dowdy ist wie eine einfachere Version von Tarte Tatin und mindestens genauso lecker! »Dowdy« bedeutet so viel wie unelegant oder schäbig und bezieht sich auf die Oberfläche des Kuchens. Durch die unregelmäßige Platzierung der Teigstücke ist der Kuchen optisch ein wenig chaotisch – aber lecker allemal!

Zubereitung: 30 Minuten plus Kühlzeit
Für 1 Backform von 23–25 cm Ø

Teig
100 g Butter, kalt
25 g Pflanzenfett (Biskin) oder Schweineschmalz, kalt
175 g Mehl
½ TL Salz
1 TL Zucker
50 ml Wasser, eiskalt
Mehl zum Bestäuben
Butter zum Ausfetten

Füllung
etwa 1,2 kg Äpfel (oder anderes Kernobst), geschält, entkernt und in Scheiben geschnitten
1 EL Zitronensaft
100 Muscovado-Zucker
3 EL Mehl
½ TL gemahlener Zimt
¼ TL geriebene Muskatnuss
1 TL frisch geriebener Ingwer (nach Belieben)
1 Prise Salz
75 g Butter

Zum Bestreuen
2 TL Zucker
½ TL gemahlener Zimt

1 Für einen leicht blättrigen Teig Butter und Fett in dünne Scheiben schneiden und für 15 Minuten in den Kühlschrank legen.

2 Mehl, Salz und Zucker vermengen. Mit den Fingerspitzen oder mit der Küchenmaschine die kalte Butter und das Fett grob einarbeiten. Das eiskalte Wasser hinzufügen. Alles mit einer Gabel verrühren, bis gerade so ein Teig entsteht.

3 Auf einer leicht bemehlten Arbeitsfläche den Teig zügig zu einer Scheibe formen, in Backpapier wickeln und 2 Stunden (maximal 2 Tage) kalt stellen. In der Zwischenzeit die Füllung zubereiten.

4 Den Backofen auf 210 °C Umluft oder Unterhitze vorheizen. Eine Backform aus Keramik (Ø 23–25 cm) buttern. In einer großen Schüssel die Früchte mit Zitronensaft, Zucker, Mehl, Gewürzen, Ingwer und Salz sanft vermengen.

5 In einem kleinen Topf die Butter schmelzen und 5 Minuten weiter erhitzen, bis sie bräunlich wird. Die braune Butter gleich auf das Obst geben, alles vorsichtig vermengen und in der Backform verteilen.

6 Den Teig auf einer leicht bemehlten Arbeitsfläche 3–4 mm dick ausrollen. Mit einem Teigrad oder Messer in Rauten schneiden, etwa 4 × 4 cm. Die Teigstücke wie ein Patchwork auf die Früchte legen und mit Zimt und Zucker besprenkeln.

7 Den Kuchen 20 Minuten bei 210 °C backen, dann die Temperatur auf 180 °C reduzieren. Den Kuchen weitere 25–30 Minuten backen, bis der Teig goldbraun ist.

gluten frei

Greek Yoghurt Tart

MANDELTARTE MIT GRIECHISCHEM JOGHURT

Ein Rezept, das sich je nach Jahreszeit ganz einfach abwandeln lässt: Im Herbst serviert man die Tarte mit karamellisierten Äpfeln, im Sommer schmeckt sie mit frischen Beeren aller Art.

Zubereitung: 30 Minuten plus Kühlzeit
Für 1 Backform von 23 cm Ø

Teig
150 g gemahlene Mandeln
40 g Zucker
90 g glutenfreie Haferflocken
45 g Reismehl
30 g Polenta
¼ TL Salz
135 g Butter, kalt
Butter zum Ausfetten

Füllung
3 Eier
60 g Muscovado-Zucker
500 g griechischer Joghurt
1 TL Vanilleextrakt (s. S. 29)
abgeriebene Schale von 1 Bio-Zitrone
2 EL Zitronensaft
1 Prise Salz

1 Den Backofen auf 180 °C Umluft oder Unterhitze vorheizen. Eine Tarteform (Ø 23 cm) ausbuttern.

2 In einer großen Schüssel gemahlene Mandeln, Zucker, Haferflocken, Reismehl, Polenta und Salz vermengen. In kleinen Stücken die Butter hineingeben, mit den Fingerspitzen rasch in die anderen Zutaten einarbeiten. Den Teig gleichmäßig in die Form drücken und 15 Minuten kalt stellen, während Sie die Füllung vorbereiten. So behält der Boden beim Backen besser die Form.

3 Für die Füllung in einer großen Schüssel die Eier mit dem Zucker verquirlen. Den Joghurt unterrühren, dann den Vanilleextrakt, Zitronenschale und -saft sowie das Salz untermischen.

4 Die Füllung auf den gekühlten Teigboden geben und die Tarte in 30 Minuten goldgelb backen. Aus dem Ofen nehmen und auf einem Gitter vollständig abkühlen lassen. Vor dem Servieren für einige Stunden in den Kühlschrank stellen.

Sweet Potato Pie

SÜSSKARTOFFEL-PIE MIT WALNÜSSEN

Zubereitung: 1 Stunde
Für 1 Backform von 25 cm Ø

2 Süßkartoffeln (etwa 1 kg)

Blättriger Walnuss-Pie-Teig für 2 Pie-Böden
100 g Walnusskerne
125 g Butter, kalt
175 g Frischkäse (Doppelrahmstufe), kalt
2–3 EL eiskaltes Wasser
200 g Mehl
½ TL Zucker
¼ TL Salz
Mehl zum Bestäuben

Füllung
100 g Butter, weich
75 g Zucker
50 g Muscovado-Zucker
1 TL Vanilleextrakt (s. S.29)
1 TL gemahlener Zimt
¼ TL geriebene Muskatnuss
½ TL Salz
3 Eier
50 ml Ahornsirup
1 TL fein geriebener Ingwer
200 g Schlagsahne

Garnitur
1 Handvoll Walnusskerne

1 Den Backofen auf 200 °C Umluft vorheizen. Die Süßkartoffeln waschen, trocknen und halbieren, nicht schälen. Auf ein Blech legen und etwa 40 Minuten backen, bis sie weich sind. Abkühlen lassen.

2 Für den Teig die Walnüsse fein hacken oder im Mixer zerkleinern. Die Butter in kleine Stücke schneiden und in den Kühlschrank stellen, Frischkäse und Wasser ebenfalls kalt stellen. Walnüsse, Mehl, Zucker und Salz in einer großen Schüssel vermengen. Butter und Frischkäse zugeben und mit dem Handrührgerät, mit der Küchenmaschine oder mit den Fingerspitzen einarbeiten. Das eiskalte Wasser hinzufügen und nur so lange mischen, bis gerade so ein Teig entsteht.

3 Den Teig auf die leicht bemehlte Arbeitsfläche geben, in zwei Hälften teilen und rasch zu flachen Scheiben formen. Die Teigscheiben in Backpapier einschlagen. Eine Scheibe für 1–2 Stunden in den Kühlschrank legen, die zweite für die nächste Pie einfrieren.

4 Den gut gekühlten Teig auf der leicht bemehlten Arbeitsfläche etwa 3 mm dünn ausrollen, in die Form legen (ausbuttern ist nicht nötig), dabei am Boden und am Rand leicht andrücken. Den Rand bis auf 1 cm abschneiden. Die Form in den Kühlschrank stellen.

5 Für die Füllung das Fruchtfleisch der abgekühlten Süßkartoffeln aus der Schale lösen und mit einer Gabel fein zerdrücken.

6 Den Backofen auf 200 °C Umluft oder Unterhitze vorheizen. Butter, Zucker, Vanilleextrakt und Gewürze mit der Küchenmaschine oder dem Handrührgerät cremig rühren. Eins nach dem anderen die Eier hineinschlagen und jedes sorgfältig einarbeiten, bevor das nächste folgt. Auf niedriger Stufe weiterschlagen und den Ahornsirup, den Ingwer, das Süßkartoffelpüree und die Sahne dazugeben.

7 Die Füllung in den vorbereiteten Pie-Boden gießen und die Form auf ein Blech stellen. Ins untere Drittel des Ofens einschieben, die Temperatur sofort auf 180 °C reduzieren und die Pie 50 Minuten backen, bis sie goldbraun und die Füllung fast fest ist. Vor dem Servieren abkühlen lassen. Mit Walnusskernen garnieren.

Pecan Pie

PEKANNUSS-PIE MIT SCHOKOLADE UND CRANBERRYS

Zubereitung: 30 Minuten plus 2 Stunden Kühlzeit
Für 1 Backform von 23 cm Ø

Teig
125 g Butter, kalt
25 g Pflanzenfett (z. B. Biskin)
180 g Mehl
25 g Speisestärke oder Weizenvollkornmehl
½ TL Salz
1 TL Zucker
75 ml eiskaltes Wasser
Mehl zum Bestäuben

Füllung
100 g Muscovado-Zucker
3 Eier
200 ml Ahornsirup
¼ TL Salz
1 EL Vanilleextrakt (s. S. 29)
25 g Butter, zerlassen
100 g Zartbitterschokolade, grob gehackt
100 g getrocknete Cranberrys oder Kirschen, leicht mit Mehl bestäubt (nach Belieben)
200 g Pekannüsse

1 Damit der Teig schön locker und blättrig wird, die Butter und das Pflanzenfett in kleine Stücke schneiden und in den Kühlschrank stellen, während Sie die restlichen Zutaten vorbereiten. Die trockenen Zutaten in einer großen Schüssel vermengen. Die kalte Butter und das kalte Pflanzenfett mit den Fingerspitzen in die Mischung grob einarbeiten. Das eiskalte Wasser zugeben und mit einer Gabel einarbeiten, bis gerade so ein Teig entsteht. Den Teig auf die leicht bemehlte Arbeitsfläche geben und rasch in eine runde Form kneten. In Backpapier wickeln und etwa 2 Stunden kalt stellen.

2 Den Backofen auf 200 °C Umluft oder Unterhitze vorheizen und eine Pie- oder Tarteform (Ø 23 cm) bereitstellen (Ausfetten ist nicht nötig). Den Teig auf der leicht bemehlten Arbeitsfläche 3 mm dünn ausrollen. Nudelholz und Arbeitsfläche immer wieder leicht mit Mehl bestäuben, damit der Teig nicht klebt.

3 Die Backform mit dem Teig auskleiden und den Teig rundherum am Rand sanft andrücken. Den Überhang bis auf 5 mm abschneiden und den Rand rundherum mit den Fingern andrücken. In den Kühlschrank stellen, während Sie die Füllung vorbereiten.

4 Für die Füllung in einer großen Schüssel den Zucker mit den Eiern verquirlen, anschließend den Sirup unterrühren. Zuletzt das Salz, den Vanilleextrakt und die zerlassene Butter untermischen.

5 Die gehackte Schokolade auf dem Teigboden verteilen. Die getrockneten Früchte, falls verwendet, daraufstreuen, zum Schluss die Pekannüsse. Vorsichtig die Eiercreme einfüllen.

6 Die Pie 10 Minuten bei 200 °C backen. Die Temperatur auf 190 °C reduzieren und die Pie weitere 10 Minuten backen. Gegebenenfalls mit Backpapier zudecken, falls sie zu schnell Farbe annimmt. Die Temperatur auf 180 °C reduzieren und die Pie noch einmal 14–16 Minuten backen, bis sie goldbraun ist. Vor dem Servieren auf einem Gitter einige Stunden abkühlen lassen.

Grapefruit Meringue Tarte

GRAPEFRUIT-CURD-TARTE MIT BAISER

Ich liebe die Farbe und den Geschmack von Grapefruit Curd. Und wenn von der Baisermasse etwas übrig bleibt: einfach kleine Halbkugeln auf ein Backblech spritzen und bei 120 °C etwa 1 Stunde trocknen lassen. Dafür finden sich bestimmt dankbare Abnehmer!

Zubereitung: 60 Minuten plus Kühlzeit
Für 1 Backform von 11 × 29 cm (oder Ø 23 cm)

Grapefruitcreme
250 ml Grapefruitsaft, frisch gepresst
100 g Zucker
1½ TL Maisstärke
2 Eigelb (das Eiweiß für das Baiser nehmen)
1 Prise Salz
75 g Butter, weich

Mürbeteigboden
175 g Mehl
½ TL Backpulver
½ TL Meersalzflocken
125 g Butter, weich
50 g Puderzucker
1 Eigelb (das Eiweiß für das Baiser nehmen)
eventuell 1 EL Schlagsahne
Mehl zum Bestäuben

1 Für die Grapefruitcreme den Grapefruitsaft auf 125 ml reduzieren, dann abkühlen lassen. Zucker und Stärke in einem schweren Topf mittlerer Größe vermengen. Mit einem Schneebesen Eigelbe, Grapefruitsaft und Salz hineinschlagen. Auf mittlerer Hitze rühren, bis die Masse eindickt und am Rand zu köcheln beginnt (etwa 6 Minuten). Die Butter hinzufügen und schlagen, bis sich die Masse glättet. In eine Schüssel umfüllen und ein Stückchen Backpapier direkt auf die Oberfläche der Creme drücken. Die Creme auf Raumtemperatur abkühlen lassen, dann für mindestens 2 Stunden in den Kühlschrank stellen.

2 Für den Boden in einer Rührschüssel Mehl, Backpulver und Salz vermengen. Mit dem Handrührgerät oder der Küchenmaschine die Butter mit dem Puderzucker aufschlagen. Das Eigelb dazugeben und noch kurz weiterschlagen. Die Mehlmischung dazugeben und nur so lange mischen, bis gerade so ein Teig entsteht.

3 Den Teig auf einer leicht bemehlten Arbeitsfläche kurz verkneten, zwischen zwei Blatt Backpapier zu einer flachen Scheibe formen und mindestens 2 Stunden (maximal 3 Tage) kalt stellen.

4 Den Backofen auf 180 °C Umluft oder Unterhitze vorheizen. Der Teig ist durch den Puderzucker und das Eigelb ein wenig empfindlich – passen Sie gut auf! Falls der Teig reißt, einfach in der Backform flicken. Den Teig zwischen zwei Bögen Backpapier mit ein wenig Mehl ausrollen. In die Backform legen und leicht andrücken, überschüssigen Teig bis auf 8 mm rundherum zurückschneiden, sodass er ein bisschen über den Rand der Form hinaussteht. 30 Minuten kalt stellen.

Baiser
½ TL Essig für die Schüssel
¼ TL Salz für die Schüssel
3 Eiweiß
100 g Zucker
1 TL Maisstärke, gesiebt
1 Prise Salz

5 Den Teig mit einer Gabel mehrmals leicht einstechen, mit einem Stück Backpapier bedecken und Blindbackkugeln oder getrocknete Hülsenfrüchte darauf verteilen. Im Ofen 10 Minuten backen. Herausnehmen, Backpapier und Hülsenfrüchte vorsichtig entfernen und den Boden weitere 6 Minuten backen. Aus dem Ofen nehmen und auf einem Kuchengitter völlig auskühlen lassen.

6 Die kalte Grapefruitcreme (die ein wenig weich bleibt) auf dem abgekühlten Boden verteilen.

7 Für das Baiser eine Schüssel mit Essig und Salz auswischen, dann auf ein Wasserbad setzen. Eiweiße,, Zucker, Maisstärke und Salz hineingeben und schaumig schlagen. 2 Minuten weiterschlagen, bis der Zucker sich aufgelöst hat. Vom Herd nehmen (vorsichtig, die Schüssel ist heiß!) und zum Weiterschlagen auf ein Küchentuch setzen. 5 Minuten bei hoher Geschwindigkeit schlagen, bis das Baiser kühl ist und weiche Spitzen bildet. Bei mittlerer Geschwindigkeit 1–2 Minuten weiterschlagen, bis die Masse glänzt und steife Spitzen bildet.

8 Den Backofen auf 220 °C Oberhitze vorheizen. Das Ofengitter ins obere Drittel des Backofens schieben. Das Baiser entweder mit einer Palette auf der Grapefruitcreme verteilen oder in einen Spritzbeutel mit Aufsatz Ihrer Wahl füllen und ein schönes Muster auf die Tarte spritzen. Den Kuchen 3–5 Minuten im Ofen lassen, bis das Baiser etwas Farbe angenommen hat. Die Tarte auf einem Gitter kurz abkühlen lassen und vor dem Servieren für bis zu 5 Stunden in den Kühlschrank stellen.

gluten frei

vegan

Miso-Karamell

MIT SALZ

Jeder kennt inzwischen salzigen Karamell, aber haben Sie schon Miso-Karamell probiert? Miso wird aus gekochten Sojabohnen und Körnern (normalerweise Reis oder Gerste) hergestellt, die mit Salz und einem Pilz namens *Aspergillus oryzae* (auf Japanisch *koji*) fermentiert werden. Wenn Sie Miso bisher nur als Suppe kennen, lassen Sie sich überraschen ...

Zubereitung: 20 Minuten plus Kühlzeit
Ergibt etwa 200–220 ml

- 150 g Zucker
- 70 ml Wasser
- 160 g Schlagsahne(oder Kokosmilch für die vegane Alternative)
- 1–2 TL Miso, hell oder dunkel
- 1 TL Vanilleextrakt (s. S. 29; nach Belieben)
- 1 Prise Salz (oder mehr nach Geschmack)

1 Einen mittelgroßen hohen Topf sorgfältig säubern. Den Zucker mit dem Wasser darin bei mittlerer Temperatur mit Deckel zum Kochen bringen. Dabei nicht rühren – sonst können sich Zuckerkristalle am Topfrand absetzen und kristallisieren.

2 Den Deckel abnehmen und alles 8–10 Minuten sanft köcheln lassen, bis der Zucker sich aufgelöst hat, die Farbe goldig ist und die Konsistenz etwas dicker wird.

3 Sobald die Masse leicht gebräunt ist, die Hitze auf niedrigste Stufe herunterschalten und die Sahne oder Kokosmilch mit einem Schneebesen einrühren. Sobald die Flüssigkeit dazukommt, blubbert die Masse gewaltig – das ist richtig so! Alles gut verrühren, dann Miso, Vanilleextrakt und 1 Prise Salz unterrühren. Jetzt den Karamell noch 5–8 Minuten köcheln lassen, damit er etwas dicker wird. Je länger man den Karamell kocht, desto dicker wird er! Vor der Verwendung etwas abkühlen lassen. Wenn Sie das Gefühl haben, dass der Karamell etwas klumpig ist, können Sie ihn durch ein feines Sieb passieren.

4 Zur Aufbewahrung: wenn der Karamell abgekühlt ist, einfach in ein Glas geben und abdecken. Im Kühlschrank hält sich der Miso-Karamell mehrere Wochen. Um den gekühlten Karamell weicher/flüssig zu machen, einfach leicht erwärmen.

5 Miso-Karamell schmeckt super auf Torten oder auf Eis, er verleiht Buttercreme eine ganz besondere Note oder, oder, oder ...

German Buttercream

KLASSISCHE DEUTSCHE BUTTERCREME

Warum habe ich die gute alte Buttercreme bloß so lange ignoriert? Sie ist ganz leicht gemacht, nur aufpassen, dass die Butter genau die richtige Temperatur hat: nicht zu kalt und nicht zu weich! Wer es fruchtig mag, kann ein bisschen Konfitüre dazugeben.

Zubereitung: 20 Minuten
plus 1 Stunde Kühlzeit
Ergibt etwa 600 g

200 ml Milch
1 TL Vanilleextrakt (s. S. 29)
100 g Zucker
15 g Speisestärke
3 Eigelb
200 g Butter, weich

1 In einem mittelgroßen Topf Milch und Vanilleextrakt erwärmen. In einer Rührschüssel Zucker und Stärke vermengen. Mit einem Schneebesen die Eigelbe hell und cremig aufschlagen.

2 Zuerst die Hälfte der erwärmten Milch mit dem Schneebesen unter die Eigelbmischung rühren. Dann diese Mischung zur restlichen Milch im Topf geben. Die Masse bei mittlerer Hitze eindicken lassen, dabei ständig rühren, damit sie nicht anbrennt. Das dauert ein paar Minuten. Sobald die Masse eingedickt ist, den Topf vom Herd nehmen. Die Creme in eine Schüssel geben und Frischhaltefolie direkt auf die Oberfläche legen, damit sich keine Haut bildet.

3 Die Schüssel für etwa 20 Minuten auf ein Gitter stellen, damit die Luft rundherum zirkulieren kann. Dann kalt stellen.

4 Mit Küchenmaschine oder Handmixer die weiche Butter cremig aufschlagen. Nach und nach die abgekühlte Creme dazugeben und weiter kräftig aufschlagen, bis die Buttercreme schön luftig ist (Foto s. S. 104).

Meringue Buttercream

BAISER-BUTTERCREME

Dies ist eines der leichtesten und elegantesten Buttercreme-Rezepte überhaupt! Relativ wenig Zucker und Butter bringen den Geschmack und die Textur wirklich zur Geltung. Es ist perfekt für jede *naked* oder *semi-naked* Cake.

Zubereitung: 20 Minuten
Ergibt etwa 350 g

3 Eiweiß
120 g Zucker
1 Prise Salz
1 TL Vanilleextrakt
125 g Butter, weich

1 In einem Topf, auf dem eine große hitzebeständige Schüssel Platz hat, etwas Wasser zum Kochen bringen. Die Eiweiße, den Zucker und das Salz mit dem Schneebesen in der Schüssel schaumig schlagen. Auf das heiße Wasserbad setzen und beständig schlagen, bis sich der Zucker vollständig aufgelöst hat und die Masse glatt ist und sich heiß anfühlt – etwa 3 Minuten. Vom Wasserbad nehmen (Achtung, die Schüssel ist heiß) und auf ein feuchtes Tuch stellen, damit die Schüssel festen Stand hat.

2 Jetzt mit dem Handrührgerät das Baiser bei hoher Geschwindigkeit weiterschlagen, bis es abgekühlt ist und weiche Spitzen zieht – etwa 5 Minuten. Den Vanilleextrakt unterschlagen.

3 Die Geschwindigkeit auf mittlere Stufe reduzieren und noch 1–2 Minuten weiterschlagen, bis die Masse ganz steif ist und glänzt. Weiterschlagen und dabei esslöffelweise die Butter hinzugeben (Foto s. S. 105).

vegan

Ermine Frosting

KLASSISCH ODER VEGAN

Ermine Frosting hat schon meine Großmutter gemacht, und lange kannte ich gar keine andere Buttercreme. Es ist so einfach herzustellen. Wenn Sie an einem heißen Tag eine Torte zubereiten wollen, gibt es nichts Besseres, denn dieses Frosting ist besonders stabil. Und Sie werden sehen: Alles, wofür man Milch und Butter braucht, kann am Ende auch vegan werden!

Zubereitung: 90 Minuten inklusive Kühlzeit
Ergibt etwa 700 g

150 g Zucker
1 Prise Salz
250 ml Milch
40 g Mehl
250 g Butter, weich

1 Den Zucker und 1 Prise Salz mit der Milch in einen Topf geben. Langsam erhitzen, bis der Zucker sich auflöst.

2 Das Mehl dazusieben und die Masse bei mittlerer Hitze eindicken lassen, dabei ständig rühren, damit sie nicht anbrennt. Das dauert ein paar Minuten. Sobald die Masse eingedickt ist (wie ein Pudding), den Topf vom Herd nehmen. Die Creme in eine Schüssel geben und Frischhaltefolie direkt auf die Oberfläche legen, damit sich keine Haut bildet.

3 Die Schüssel für etwa 20 Minuten auf ein Gitter stellen, damit die Luft außen herum zirkulieren kann. Dann kalt stellen.

4 Mit der Küchenmaschine oder dem Handrührgerät die weiche Butter cremig aufschlagen. Nach und nach die abgekühlte Creme dazugeben und weiter kräftig aufschlagen, bis das Frosting sehr luftig ist (Foto s. S. 108).

Für die vegane Alternative dem Rezept oben folgen, aber in Schritt 1 die Milch durch Hafer- oder Nussmilch ersetzen. In Schritt 4 Margarine anstelle von Butter verwenden.

vegan

Vegan Ermine Chocolate-Frosting

VEGANES ERMINE-SCHOKOLADEN-FROSTING

Wie sein helles Pendant sehnt sich auch dieses dunkle Frosting nach einem Schoko- oder Vanillekuchen – vegan muss er nicht unbedingt sein, warum auch? Kakaopulver verleiht dem Frosting seinen besonders schokoladigen Geschmack.

Zubereitung: 90 Minuten inklusive Kühlzeit
Ergibt etwa 900 g

150 g Rohrzucker
¼ TL Salz (ich nehme gerne Vanillesalz, s. S. 29)
250 ml Hafer- oder Nussmilch
30 g Mehl
150 g vegane Zartbitterschokolade, gehackt
250 g Margarine, weich
40 g ungesüßtes Kakaopulver

1 Den Zucker und das Salz mit der veganen Milch in einen Topf geben. Langsam erhitzen, bis der Zucker sich auflöst.

2 Das Mehl dazusieben, die gehackte Schokolade dazugeben und die Masse bei mittlerer Hitze eindicken lassen, dabei ständig rühren, damit sie nicht anbrennt. Das dauert ein paar Minuten. Sobald die Masse eingedickt ist (wie ein Pudding), den Topf vom Herd nehmen. Die Creme in eine Schüssel geben und Frischhaltefolie direkt auf die Oberfläche legen, damit sich keine Haut bildet.

3 Die Schüssel zum Abkühlen für etwa 20 Minuten auf ein Gitter stellen, damit die Luft rundherum zirkulieren kann. Dann kalt stellen.

4 Mit der Küchenmaschine oder dem Handrührgerät die weiche Margarine cremig aufschlagen. Nach und nach die abgekühlte Creme dazugeben und weiter kräftig aufschlagen, bis das Frosting sehr luftig ist. Den Kakao darübersieben und kurz untermischen (Foto s. S. 109).

COOKIES

Auch nach all den Jahren, nach so viel Gebäck und Hunderten von Rezepten kann ich warmen Chocolate Chip Cookies noch immer nicht widerstehen! Sie sind mir so ans Herz gewachsen, dass ich drei neue Rezepte kreiert habe, ein veganes mit Erdnussöl, ein klassisches mit Walnüssen und eines mit Tahin – wählen Sie Ihren Favoriten! Und das ist noch längst nicht alles: Whoopie Pies mit Bananen, die besten (veganen) Erdnussbutter-Cookies, die Sie je geknabbert haben, unverschämt leckere Karottenkekse und glutenfreie Himbeerschnittchen mit brauner Butter – Ihre Familie und Freunde können sich freuen.

Kein Kapitel über Cookies und Kekse wäre vollständig ohne ein Rezept für Shortbread, hier mit Pistazien und Tahin. Und auch einige Cupcake-Rezepte dürfen nicht fehlen. Probieren Sie zu einem besonderen Anlass einmal die Hummingbird Cupcakes mit den wunderschönen getrockneten Ananasblüten oder die Süßkartoffel-Cupcakes mit Erdnusskrokant.

Viel Vergnügen!

vegan

Chocolate Chip Cookies

MIT ERDNUSSÖL

Ich bin süchtig nach Chocolate Chip Cookies und deshalb muss ich immer wieder mal ein neues Rezept entwickeln. Hier kommt ein veganes mit Erdnussöl. Der Teig hält sich im Kühlschrank wochenlang, sodass Sie immer wieder frische Kekse backen können!

Zubereitung: 20 Minuten plus Kühlzeit
Ergibt etwa 18 Cookies, je nach Größe

250 g Mehl
1 TL Backpulver
¾ TL Natron
½ TL Salz (ich nehme gerne Vanillesalz, s. S. 29)
250–300 g vegane Zartbitterschokolade
80 g Rohrzucker
80 g Muscovado-Zucker
125 ml Erdnussöl
70 ml Wasser

Köstliche Optionen
75 g Rosinen
75 g Erdnüsse, gehackt

1 In einer großen Schüssel Mehl, Backpulver, Natron und Salz vermengen. Die Schokolade grob hacken.

2 In einer weiteren großen Schüssel beide Zuckersorten mit dem Erdnussöl und dem Wasser verrühren, bis die Mischung homogen ist. Mit einem Teigschaber oder einem Holzlöffel die Mehlmischung unterheben, anschließend die gehackte Schokolade sowie die Rosinen oder die Erdnüsse, falls verwendet, unterziehen.

3 Die Schüssel zudecken und den Teig 12–24 Stunden ruhen lassen, damit das Mehl die Feuchtigkeit aufnehmen kann und das Gluten sich entspannt. Diesen Schritt nicht überspringen!

4 Den Backofen auf 175 °C Umluft oder Unterhitze vorheizen. Ein Backblech mit Backpapier auslegen. Mit einem Esslöffel, einem Eisportionierer oder einfach mit der Hand (so mache ich es am liebsten) kleine Teigkugeln auf das Blech setzen und etwas flach drücken. Darauf achten, dass die Cookies alle gleich groß sind und ein Abstand von 3–4 cm dazwischenliegt. Je nach Größe 10–12 Minuten backen. Auf einem Gitter 10 Minuten abkühlen lassen und die nächste Charge backen.

Vanilla Lofthouse Cookies

MIT DREI FROSTINGS

Lofthouse Cookies sind eine Kreuzung zwischen Keks und Kuchen. In Amerika bekommt man sie in jedem Supermarkt, aber wir wissen ja, dass wir zu Hause alles besser machen können ... Hier ist meine Version, gleich mit drei Frostings!

Zubereitung: 25 Minuten
Ergibt etwa 24 Cookies

250 g Mehl
75 g Speisestärke
2 TL Backpulver
1 TL Salz
250 g Butter, weich
200 g Zucker
1 Ei
2 EL Schlagsahne
1 EL Vanilleextrakt (s. S. 29)

Frosting I
250 g Puderzucker, gesiebt
1 Prise Salz
50 g Schlagsahne
1 TL Vanilleextrakt
Lebensmittelfarbe (nach Belieben)
Schoko- oder Zuckerstreusel

Frosting II
200 g Puderzucker, gesiebt
40 g ungesüßtes Kakaopulver, gesiebt
1 Prise Salz
60 g Schlagsahne
1 TL Vanilleextrakt
Schoko- oder Zuckerstreusel

1 Den Backofen auf 175 °C Umluft oder Unterhitze vorheizen. Ein oder zwei Backbleche mit Backpapier auslegen.

2 Das Mehl mit Speisestärke, Backpulver und Salz sieben. Mit der Küchenmaschine oder dem Handrührgerät die Butter mit dem Zucker in 4–5 Minuten cremig aufschlagen. Das Ei mit der Sahne und dem Vanilleextrakt verquirlen, zur Buttermischung geben und alles weitere 2 Minuten aufschlagen.

3 Jetzt die Mehlmischung in vier Portionen dazugeben. Alles unterrühren, bis gerade so ein Teig entsteht – nicht länger, sonst werden die Cookies hart und zäh.

4 Mit einem Eisportionierer den Teig (etwa 2 EL) in gleichmäßig großen Kugeln auf das Backblech setzen, mit 4 cm Abstand zwischen den Cookies.

5 Die Cookies 14–15 Minuten backen, bis sie gerade ein wenig Farbe annehmen. Auf dem Backblech völlig auskühlen lassen.

6 Das Frosting Ihrer Wahl zubereiten (einfach die Zutaten verrühren; für das weiße Frosting die Lebensmittelfarbe weglassen). Mit einer Palette oder einem Buttermesser das Frosting auf die abgekühlten Cookies geben und verteilen, dann sofort mit Schoko- oder Zuckerstreuseln ausgarnieren. Wenn das Frosting getrocknet ist, haften die Streusel nicht mehr.

7 Wenn alle Cookies verziert sind, kurz trocknen lassen. In einen luftdichten Container geschichtet, mit Backpapier dazwischen, halten sie bis zu 3 Tage.

Pistachio Tahini Shortbread

MIT ROSENWASSER

Unglaublich lecker, eine Art Kreuzung aus Halwa und Shortbread. Der Teig kann ein bisschen bröselig sein, darum backe ich ihn gern in einer Form und schneide das Gebäck erst später in Stücke.

Zubereitung: 20 Minuten
Für 1 quadratische Backform von 23 × 23 cm

160 g Mehl
80 g Reismehl
100 g Pistazien, grob gehackt
100 g Butter, weich
80 g Tahin (vor dem Abwiegen gut durchrühren)
80 g Rohzucker
1 TL Rosenwasser
Butter zum Ausfetten

Zum Bestreuen
2 TL Rohzucker
1 große Prise Salz (ich nehme gerne Vanillesalz, s. S. 29)

1 Den Backofen auf 160 °C Umluft vorheizen. Eine quadratische Backform (23 × 23 cm) leicht ausbuttern. In einer großen Schüssel die Mehle und die gehackten Pistazien vermengen. Beiseitestellen.

2 Die Butter, das Tahin, den Zucker und das Rosenwasser mit der Küchenmaschine oder dem Handrührgerät cremig rühren. Die Mehl-Pistazien-Mischung nur kurz einarbeiten. Den Teig von Hand durchkneten. Er ist ein bisschen trocken, aber genau so muss er sein!

3 Den Teig gleichmäßig in die Form drücken, mit einer Gabel mehrmals einstechen und mit dem Zucker und dem Vanillesalz bestreuen.

4 Das Shortbread in 17–18 Minuten goldgelb backen. 5 Minuten abkühlen lassen, dann in Stücke schneiden und in der Form vollständig erkalten lassen. Solange das Shortbread noch warm ist, ist es sehr zerbrechlich, also aufpassen!

Carrot Cookies

MIT ORANGE

Eine Mischung aus Cookie und Kuchen! Klein und fein, man kann sie einfach pur oder mit etwas Puderzucker essen. Ich liebe die Farbe und den feinen Orangengeschmack.

Zubereitung: 20 Minuten
Ergibt etwa 26 Cookies, je nach Größe

225 g Mehl
75 g feine Polenta (Maisgrieß)
½ TL Salz
1¼ TL Backpulver
½ TL Natron
1 Prise geriebene Muskatnuss
fein abgeriebene Schale von 1 Bio-Orange
fein abgeriebene Schale von 1 Bio-Zitrone
125 ml Orangensaft
140 g Karotten
100 ml Olivenöl
100 g Rohrohrzucker
1 Ei
etwas Puderzucker zum Bestäuben

1 Den Backofen auf 180 °C Umluft oder Unterhitze vorheizen. Zwei Backbleche mit Backpapier auslegen.

2 Mehl, Polenta, Salz, Backpulver, Natron und Muskat vermengen. Die Zitrusschale mit dem Orangensaft mischen und zur Seite stellen. Die Karotten schälen und grob reiben. Mit der Küchenmaschine oder dem Handrührgerät das Olivenöl mit dem Rohrzucker einige Minuten aufschlagen. Das Ei dazugeben, gefolgt von dem Orangensaft, und kurz weiterschlagen. Mit einem Teigschaber die Mehlmischung unterheben, danach die Karotten dazugeben.

3 Mit einem Eisportionierer oder einem Esslöffel den Teig in gleichmäßig großen Kugeln auf die Backbleche setzen, mit 4 cm Abstand zwischen den Cookies. 12–13 Minuten backen, bis sie golden sind und leicht zurückfedern, wenn man daraufdrückt.

4 Die Cookies auf ein Gitter legen. Wenn sie abgekühlt sind, mit Puderzucker bestäuben.

gluten frei

Raspberry Brown Butter Bars

HIMBEERSCHNITTCHEN MIT BRAUNER BUTTER

Ich liebe frische Himbeeren, aber manchmal will ich lieber damit BACKEN! In diesem Rezept habe ich sie natur (also ohne Zucker) gelassen, weil ich ihre Säure so mag – einfach perfekt zu den Mandeln, den Haferflocken und der braunen Butter. Und noch ein Wort zu brauner Butter: himmlisch!

Zubereitung: 20 Minuten
Für 1 Backform von 23 × 23 cm, ergibt 12–16 Stücke

Boden
- 100 g glutenfreies Hafermehl (oder im Mixer fein zerkleinerte Haferflocken)
- 50 g gemahlene Mandeln
- 50 g Speisestärke
- ¼ TL Salz
- 50 g Rohrohzucker
- 125 g Butter, kalt
- Butter zum Ausfetten

Topping
- 2 Eier
- 75 g Zucker
- 1 Prise Salz
- 35 g Speisestärke
- 1 TL Vanilleextrakt (s. S. 29)
- 125 g Butter, kalt
- 300 g frische Himbeeren
- Puderzucker zum Bestäuben

1 Den Backofen auf 180 °C Unterhitze oder Umluft vorheizen. Eine Backform (23 × 23 cm) leicht buttern. Das Hafermehl mit Mandeln, Speisestärke, Salz und Zucker vermengen. Die kalte Butter in kleinen Stückchen einarbeiten, bis grobe Krümel entstehen.

2 Den Teig gleichmäßig in der Backform verteilen und fest an den Boden drücken. Dabei hilft ein Stück Frischhaltefolie oder Backpapier, das man auf den Teig legt, damit er nicht an der Hand festklebt. 15 Minuten backen und auf einem Gitter kurz abkühlen lassen.

3 Für das Topping mit einem Schneebesen die Eier mit dem Zucker aufschlagen. Eine Prise Salz sowie Speisestärke und Vanilleextrakt dazugeben und weiterschlagen.

4 Jetzt bräunen wir die Butter für das Topping: die Butter in einen Topf mit hellem Boden geben (damit man die Farbe wahrnimmt) und langsam erhitzen, bis sie dunkel wird! Das dauert etwa 5 Minuten. Gleich eine Schüssel bereitstellen, um die braune Butter umzugießen, sobald sie die richtige Farbe hat, damit sie nicht weiterbräunt.

5 Mit einem Schneebesen die braune Butter in die Ei-Zucker-Mischung schlagen, bis die Masse homogen ist. Zur Seite stellen.

6 Die Himbeeren in Reihen auf den vorgebackenen Boden setzen und vorsichtig das Topping daraufgießen. 35 Minuten backen, bis der Kuchen goldbraun ist. Abkühlen lassen, dann in Stückchen schneiden und eventuell mit etwas Puderzucker bestäuben.

Chocolate Chip Cookies mit Walnüssen

UND BRAUNER BUTTER

Chocolate Chip Cookies backe ich schon mein Leben lang. Nach all den Jahren und Rezepten überkam mich nun der Wunsch, noch eine weitere Variante hinzuzufügen, diesmal mit brauner Butter und Walnüssen. Hier also der Neuzugang in meiner Cookie-Familie!

Zubereitung: 20 Minuten
Ergibt etwa 40 Cookies (Ø 8 cm)

250 g Butter
150 g Mehl
100 g Speisestärke
1 TL Natron
1 TL Salz
300–400 g Zartbitterschokolade, grob gehackt
200 g Walnusskerne, grob in Stücke gebrochen
175 g brauner Zucker (ich bevorzuge Muscovado wegen der Karamellnote)
100 g Zucker
2 Eier, kalt
2 EL Wasser
2 TL Vanilleextrakt (s. S. 29)

1 Die Butter bei mittlerer Temperatur einige Minuten erhitzen, bis sie aufschäumt, und unter Rühren gleichmäßig braun werden lassen. Verwenden Sie einen Topf mit hellem Boden, damit sie den Bräunungsprozess besser sehen können, und seien Sie geduldig. Sobald die Butter goldbraun ist, in eine Schüssel gießen und vor der Verarbeitung 15 Minuten abkühlen lassen.

2 Das Mehl mit der Speisestärke, dem Natron und dem Salz vermengen und beiseitestellen. In einer kleinen Schüssel die grob gehackte Schokolade mit den Walnüssen vermischen.

3 Die abgekühlte Butter und beide Zuckersorten mit der Küchenmaschine oder dem Handrührgerät in einigen Minuten cremig rühren. Einzeln die Eier hineinschlagen und sorgfältig einarbeiten, anschließend das Wasser und den Vanilleextrakt unterrühren. Die Geschwindigkeit auf niedrige Stufe herunterstellen, die Mehlmischung zugeben und nur eben untermengen, 5–10 Sekunden. Mit einem Holzlöffel oder einem Teigschaber Schokolade und Walnüsse unterziehen.

4 Den Backofen auf 180 °C Umluft oder Unterhitze vorheizen. Ein Backblech mit Backpapier auslegen.

5 Mit einem Esslöffel, einem Eisportionierer oder mit der Hand (so mache ich es) kleine Teigkugeln auf das Blech setzen und leicht flach drücken. Darauf achten, dass alle etwa gleich groß sind und ein Abstand von 3–4 cm dazwischenliegt. Die Cookies je nach Größe 10–11 Minuten backen, bis sie goldbraun sind. Auf einem Gitter 10 Minuten abkühlen lassen. In dieser Weise weitere Cookies backen oder den restlichen Teig für ein anderes Mal kalt stellen.

vegan

Peanut Butter Cookies

MIT ROSINEN

Als Kind habe ich in der Schule jeden Tag ein Erdnussbutter-Sandwich gegessen – stellen Sie sich das vor! Kein Wunder also, dass ich diese (veganen) Peanutbutter Cookies so sehr mag. In meinen Berliner Läden sind sie längst ein Klassiker.

Zubereitung: 20 Minuten
Ergibt etwa 18 Cookies, je nach Größe

- 2 TL Leinsamen, gemahlen
- 1 EL heißes Wasser
- 175 g Mehl
- 50 g zarte Haferflocken
- 1 TL Natron
- ½ TL Salz
- 125 g Margarine, weich
- 350 g Erdnussbutter (ich verwende hier die grobe Variante – *crunchy*)
- 75 g Zucker
- 75 g brauner Zucker
- 1 TL Vanilleextrakt (s. S. 29)
- 75 g Rosinen (nach Belieben)

1 Den Backofen auf 175 °C Umluft oder Unterhitze vorheizen. Ein Backblech mit Backpapier auslegen.

2 In einer kleinen Schüssel die gemahlenen Leinsamen mit dem heißem Wasser verrühren, in den Kühlschrank stellen und 15 Minuten ziehen lassen. Mehl, Haferflocken, Natron und Salz vermengen.

3 Die Margarine und die Erdnussbutter mit der Küchenmaschine oder dem Handrührgerät sorgfältig verrühren, bis die Masse glatt ist. Beide Zuckersorten zugeben und die Masse schaumig schlagen. Den Vanilleextrakt und die gequollenen Leinsamen unterrühren. Die Mehl-Haferflocken-Mischung hineingeben und einarbeiten, bis gerade so ein Teig entsteht. Den Teig nicht länger bearbeiten! Falls verwendet, die Rosinen unterziehen.

4 Mit einem Esslöffel, einem Eisportionierer oder einfach mit der Hand kleine Teigkugeln auf das Blech setzen. Darauf achten, dass alle etwa gleich groß sind und ein Abstand von 3–4 cm dazwischenliegt. Die Cookies mit den Zinken einer Gabel leicht abflachen, sodass eine Art Kreuzmuster entsteht.

5 Die Cookies je nach Größe 12–15 Minuten backen, bis sie goldbraun sind. Falls Sie Rosinen verwenden, die Kekse ein wenig kleiner formen, damit sie schneller backen und die Rosinen nicht verbrennen. Die Erdnussbutterkekse vollständig abkühlen lassen und genießen!

Almond and Prune Slices

MANDEL-PFLAUMEN-SCHNITTCHEN

Manchmal habe ich Lust auf getrocknete Pflaumen, sie sind so schön fruchtig und erdig. Ein echtes Highlight sind sie in diesen Schnittchen mit Hafermehl. Für eine vegane Variante einfach Maragine statt Butter nehmen (und vegane Schokolade).

Zubereitung: 25 Minuten
Für 1 Backform von 24 × 32 cm

Pflaumenfüllung
250 g entsteinte Backpflaumen
fein abgeriebene Schale von 1 Bio-Orange
Saft von 1 Orange, mit Wasser ergänzt zu 150 ml Flüssigkeit
¼ TL Salz
1 EL brauner Zucker

Boden und Streusel
120 g kernige Haferflocken
200 g Mehl
½ TL Natron
¼ TL Salz
1 Prise gemahlener Zimt
75 g Muscovado-Zucker
250 g Butter, kalt
100 g Mandelblättchen
200 g Zartbitterschokolade, fein gehackt (nach Belieben)
Butter zum Ausfetten

1 Für die Pflaumenfüllung sämtliche Zutaten in einem mittelgroßen Topf vermengen und bei mittlerer Hitze leicht zum Sieden bringen. Die Hitze reduzieren und die Mischung köcheln lassen, bis sie weich und dick ist – etwa 15 Minuten. Mit dem Stabmixer pürieren und vor der weiteren Verwendung abkühlen lassen.

2 Den Backofen auf 180 °C Umluft oder Unterhitze vorheizen. Eine rechteckige Backform (24 × 32 cm) ausbuttern. In einer großen Schüssel Haferflocken, Mehl, Natron, Salz, Zimt und Zucker vermengen. In kleinen Stücken die kalte Butter zugeben.

3 Mit der Küchenmaschine mit dem Flachrührer, mit dem Handrührgerät oder einfach mit den Fingerspitzen die Butter in die anderen Zutaten einarbeiten, bis erbsengroße Brösel entstehen. Die Mandelblättchen untermengen, 450 g Teig abnehmen und gleichmäßig in die vorbereitete Form drücken. Die Pflaumenfüllung auf dem Teigboden verteilen und die gehackte Schokolade darüberstreuen, falls verwendet. Den restlichen Teig wie Streusel auf der Füllung verteilen, jedoch nicht andrücken.

4 Die Mandel-Pflaumen-Schnittchen in 25 Minuten goldbraun backen. Auf einem Gitter abkühlen lassen und genießen!

Tahini Chocolate Chip Cookies

MIT MEERSALZFLOCKEN

Zubereitung: 20 Minuten plus Kühlzeit
Ergibt 16–20 Cookies, je nach Größe

150 g Mehl
1 TL Natron
1 TL Salz (ich nehme gerne Vanillesalz, s. S. 29)
300 g Zartbitterschokolade
250 g Tahin
125g Rohrohzucker oder weißer Zucker
125 g Muscovado-Zucker
1 Ei
4 EL Wasser
1 EL Vanilleextrakt (s. S. 29)

Zum Garnieren
Fleur de sel oder Maldon-Meersalz (nach Belieben)

1 In einer großen Schüssel das Mehl mit dem Natron und dem Salz vermengen. Die Zartbitterschokolade sehr grob hacken und zur Seite stellen.

2 Mit der Küchenmaschine oder dem Handmixer das Tahin mit den beiden Zuckersorten aufschlagen. Das Ei dazugeben und weiterschlagen. Die Masse ist relativ dick – das ist richtig. Jetzt das Wasser unterrühren, gefolgt vom Vanilleextrakt.

3 Die Mehlmischung dazugeben und nur so lange unterrühren, bis gerade so ein Teig entsteht. Die grob gehackte Schokolade untermengen und den Teig kalt stellen, bis er verwendet wird (am besten 2 Stunden).

4 Den Backofen auf 175 °C Umluft oder Unterhitze vorheizen. Ein Backblech mit Backpapier auslegen. Mit einem Esslöffel, einem Eisportionierer oder einfach von Hand kleine Teigkugeln auf das Blech setzen und leicht flach drücken. Darauf achten, dass sie alle etwa gleich groß sind und ein Abstand von 3–4 cm dazwischenliegt.

5 Die Cookies 11–13 Minuten backen, je nach Größe, bis sie goldbraun sind. Vor dem Servieren kurz abkühlen lassen. Sie können die Cookies direkt nach dem Backen mit etwas Meersalz garnieren, wenn Sie mögen.

Pistachio Lemon Bars

PISTAZIEN-ZITRONEN-SCHNITTEN

Diese Pistazien-Zitronen-Schnitten sind eine Neuauflage meiner Lieblingsnascherei aus Kindertagen. Es war wirklich das Allerschönste, nach einem langen Schultag nach Hause zu kommen und mir ein Stück von dem noch unberührten Gebäck abzuschneiden. Mit Pistazien für noch mehr Crunch werden diese Schnittchen sicher auch zu Ihrem Highlight des Tages.

Zubereitung: 15 Minuten
Für 1 quadratische Backform von 23 × 23 cm
Ergibt 12–25 Stücke, je nach Größe

Teig
175 g Mehl
50 g Pistazien, sehr fein gehackt
40 g Zucker
125 g Butter, weich
1 Eigelb (das Eiweiß für das Topping verwenden)
Butter zum Ausfetten

Topping
2 Eier
1 Eiweiß
175 g Zucker
½ TL Salz
½ TL Backpulver
1 EL abgeriebene Schale von 1 Bio-Zitrone
5 EL Zitronensaft
75 g Pistazien
Puderzucker zum Bestäuben

1 Den Backofen auf 180 °C Umluft vorheizen. Eine quadratische Backform (23 × 23 cm) leicht ausbuttern.

2 Das Mehl, die gehackten Pistazien und den Zucker vermengen. Mit dem Handrührgerät oder mit der Küchenmaschine die Butter und das Eigelb einarbeiten. Den Teig gleichmäßig in die Form drücken und in 20 Minuten goldgelb backen.

3 Während der Boden im Ofen ist, für das Topping Eier, Eiweiß, Zucker, Salz, Backpulver sowie Zitronenschale und -saft vermengen und in einigen Minuten schaumig schlagen. Auf den vorgebackenen Boden gießen und die Schnitten weitere 15 Minuten backen. Aus dem Ofen nehmen, mit den Pistazien bestreuen und noch einmal 5 Minuten backen.

4 Abkühlen lassen, mit Puderzucker bestäuben und in Stücke schneiden.

Sweet Potato Cupcakes

MIT ERDNUSSKROKANT

Zubereitung: 60 Minuten plus Kühlzeit
Ergibt 12 Cupcakes

Teig
1 große Süßkartoffel (etwa 250 g)
150 g Mehl
50 g Weizenvollkornmehl
½ TL Backpulver
¾ TL Natron
¼ TL Salz
½ TL gemahlener Zimt
¼ TL geriebene Muskatnuss
100 g Butter, weich
65 g Muscovado-Zucker
2 Eier
1 TL Vanilleextrakt (s. S. 29)
150 ml Buttermilch

Frosting
175 g Frischkäse (Doppelrahmstufe)
50 g Butter, weich
200 g Puderzucker

Erdnusskrokant
100 g Zucker
30 ml Wasser
1 EL Glukosesirup (oder Ahornsirup)
90 g gesalzene Erdnüsse
1 Prise Natron
Butter zum Ausfetten

1 Den Backofen auf 200 °C Umluft oder Unterhitze vorheizen und die Süßkartoffel darin ungeschält 30–40 Minuten backen, bis sie weich ist. Schälen, das Fruchtfleisch zerdrücken und beiseitestellen. Die Ofentemperatur auf 180 °C reduzieren. Ein Muffinblech mit Papiermanschetten auskleiden.

2 In einer großen Schüssel beide Mehle mit Backpulver, Natron, Salz und den Gewürzen vermengen.

3 Die Butter und den Zucker mit der Küchenmaschine oder dem Handrührgerät aufschlagen. Die Eier unterrühren, den Vanilleextrakt und die Buttermilch dazugeben, anschließend sorgfältig die zerdrückte Süßkartoffel einarbeiten.

4 Bei niedriger Geschwindigkeit (oder von Hand) rasch die Mehlmischung unterziehen, bis alles gleichmäßig vermengt ist. Den Teig nicht länger bearbeiten!

5 Den Teig mit einem großen Eisportionierer gleichmäßig in die Manschetten füllen.

6 Die Cupcakes 25–27 Minuten backen. Zur Kontrolle in der Mitte mit einem Zahnstocher einstechen. Kommt er sauber wieder heraus, sind sie fertig.

7 Für das Frosting sämtliche Zutaten mit der Küchenmaschine oder dem Handrührgerät bei hoher Geschwindigkeit einige Minuten aufschlagen, bis die Masse luftig ist. Vor der Verwendung für 1 Stunde in den Kühlschrank stellen, damit sie etwas fester wird.

8 Für den Erdnusskrokant ein Backblech leicht einfetten. In einem hohen Topf mit dickem Boden den Zucker, Wasser und den Sirup ohne zu rühren erhitzen, bis der Karamell eine Temperatur von 148 °C erreicht hat. Vom Herd nehmen, die Erdnüsse und das Natron hineingeben und mit einem Holzlöffel sorgfältig umrühren. Die Krokantmasse auf das Blech gießen und abkühlen lassen. Anschließend in Stücke brechen und fein hacken.

9 Wenn die Cupcakes vollständig abgekühlt sind, mit dem Frosting garnieren und mit Erdnusskrokant verzieren. Restlichen Krokant luftdicht verpackt aufbewahren.

vegan

Banana Whoopie Pies

MIT ERDNUSSBUTTER-FÜLLUNG

Whoopie Pies sind eine klassische amerikanische Leckerei und der offizielle Keks im Bundesstaat Maine. Eine Mischung aus Cookie, Kuchen und Sandwich, hier in meiner neuesten Version: mit Banane und Erdnussbutter.

Zubereitung: 35 Minuten plus Kühlzeit
Ergibt 8 große Whoopie Pies

1 EL Leinsamen, gemahlen
2½ EL heißes Wasser
200 g Bananen, fein püriert
1 TL Zitronensaft
200 g Mehl
50 g Weizenvollkornmehl
1 TL Backpulver
1 TL Natron
½ TL gemahlener Zimt
¼ TL geriebene Muskatnuss
½ TL Salz
100 ml Pflanzenöl
85 g Rohrohrzucker
2 TL Vanilleextrakt (s. S. 29)

Erdnussbutter-Füllung
200 g cremige Erdnussbutter
100 g Margarine
100 g Puderzucker

1 Den Backofen auf 175 °C Umluft oder Unterhitze vorheizen und zwei Backbleche mit Backpapier auslegen.

2 Die Leinsamen mit dem Wasser verrühren und im Kühlschrank mindestens 15 Minuten ziehen lassen. Die pürierten Bananen mit dem Zitronensaft vermischen. In einer großen Schüssel die Mehle mit Backpulver, Natron, Gewürzen und Salz vermengen.

3 In einer weiteren großen Schüssel das Öl mit dem Zucker verrühren. Zuerst den Vanilleextrakt, dann die Leinsamen und das Bananenpüree untermengen. Mit einem Teigschaber oder Holzlöffel die Mehlmischung unterheben, bis gerade so ein Teig entsteht. Den Teig nicht länger bearbeiten!

4 Mit einem Esslöffel oder einem Eisportionierer von dem Teig kleine Kugeln abstechen und im Abstand von 5 cm auf die Bleche setzen. Darauf achten, dass die Plätzchen eine runde Form haben und gleich groß sind. Je nach Größe 14–17 Minuten backen, bis sie goldbraun und leicht aufgegangen sind.

5 Die Plätzchen auf einem Gitter vollständig abkühlen lassen.

6 Für die Füllung sämtliche Zutaten mit der Küchenmaschine oder dem Handrührgerät einige Minuten bei hoher Geschwindigkeit aufschlagen, bis die Masse luftig und locker ist.

7 Die Füllung mit einem Spritzbeutel oder einem Buttermesser auf die flache Seite eines Plätzchens auftragen, ein zweites Plätzchen daraufsetzen und sanft andrücken. In dieser Weise sämtliche Whoopie Pies füllen und zusammensetzen. Luftdicht verpackt halten sie sich einige Tage.

Hummingbird Cupcakes

MIT ANANASBLÜTEN

Der Hummingbird Cake kam in den 1970er-Jahren aus Jamaika und fand in den amerikanischen Südstaaten schnell Freunde. Diese Cupcakes sind eine moderne und etwas leichtere Variante des Klassikers, jetzt mit einer Blüte aus getrockneter Ananas.

Zubereitung: 4 Stunden für die Blüten, 45 Minuten für die Cupcakes plus Kühlzeit
Ergibt 12 Cupcakes

Ananasblüten
1 Ananas

Teig
250 g Mehl
½ TL Natron
¾ TL gemahlener Zimt
½ TL Salz
125 g Pekannüsse, grob gehackt
40 g gesüßte Kokosraspel
100 g Ananas, fein püriert
1 große, sehr reife Banane, fein püriert (etwa 125 g)
75 ml Pflanzenöl
35 g Muscovado-Zucker
35 g Rohrohrzucker
1 TL Vanilleextrakt (s. S. 29)
1 Ei

Frosting
175 g Frischkäse (Doppelrahmstufe)
75 g Butter, weich
abgeriebene Schale von 1 Bio-Zitrone
250–300 g Puderzucker, gesiebt

1 Die Ananasblüten am Vortag vorbereiten. Den Backofen auf 100 °C Umluft vorheizen. Die Ananas schälen und zwölf dünne Scheiben abschneiden. Auf Küchenpapier legen, um die Feuchtigkeit aufzusaugen. Es müssen mindestens 100 g Fruchtfleisch übrig bleiben, die püriert und für den Teig verwendet werden.

2 Zwei Backbleche mit Backpapier auslegen. Die Ananasscheiben darauf verteilen und in den Ofen schieben. Nach 1 Stunde wenden und 1 weitere Stunde backen. Nun die Scheiben wie Backschälchen in die Mulden eines Muffinblechs legen und darin erneut 1 Stunde backen, bis sie trocken, jedoch nicht gebräunt sind. Den Ofen ausschalten und die Ananasblüten darin weiter trocknen lassen. Wenn sie abgekühlt sind, in einem luftdicht verschlossenen Behälter lagern. Sie halten sich mehrere Tage.

3 Am nächsten Tag den Backofen auf 180 °C Umluft oder Unterhitze vorheizen. Das Muffinblech mit Papiermanschetten auskleiden.

4 In einer mittelgroßen Schüssel Mehl, Natron, Zimt und Salz vermengen. In einer kleinen Schüssel die Pekannüsse und die Kokosraspel vermischen. Das Ananaspüree mit der Banane vermengen.

5 Das Pflanzenöl mit dem Zucker verrühren, anschließend den Vanilleextrakt, das Ei und das Fruchtpüree unterrühren. Mit einem Teigschaber oder einem Holzlöffel zuerst die Mehlmischung, dann die Pekannüsse mit den Kokosraspeln unterheben, bis gerade so ein Teig entsteht. Den Teig nicht länger bearbeiten.

6 Den Teig gleichmäßig auf die Manschetten verteilen und 18–20 Minuten backen. Die Cupcakes auf einem Gitter abkühlen lassen, während Sie das Frosting vorbereiten.

7 Für das Frosting sämtliche Zutaten mit der Küchenmaschine oder dem Handrührgerät bei hoher Geschwindigkeit 5 Minuten aufschlagen. Vor der Verwendung mindestens 1 Stunde im Kühlschrank durchkühlen und fest werden lassen.

8 Wenn die Cupcakes vollständig abgekühlt sind, mit einer Palette oder einem Spritzbeutel das Frosting auftragen. Jeweils eine Ananasblüte daraufsetzen und anderen eine große Freude machen!

DONUTS & PLUFFINS

Einen Donut könnte ich jeden Tag essen, für den Rest meines Lebens – er müsste allerdings selbst gemacht sein. Haben Sie schon einmal Donuts gebacken? Ich habe hier eine Fülle von neuen Donutrezepten für Sie – das ist Ihre Chance!

Ob gebacken oder frittiert, ob mit oder ohne Hefe, ob glänzend herausgeputzt oder ganz leger und schnörkellos – tun Sie etwas für Ihr Donut-Repertoire. Und vor (oder nach) den Donuts sollten Sie unbedingt die Pluffins probieren: in einer Muffinform gebackener Plunderteig. Süß oder herzhaft – lassen Sie Ihre Fantasie spielen und kreieren Sie eigene Variationen. Aber denken Sie daran: Für einen makellos blättrigen Pluffin muss die Butter kalt sein! Noch zu entdecken sind die Angel Biscuits, eines der vielseitigsten Rezepte in diesem Buch.
Und last, but not least habe ich mir die Rugelach mit diversen herzhaften und süßen Füllungen noch einmal vorgenommen. Bisher habe ich dafür einen schnellen Frischkäseteig verwendet. Nach ein wenig Recherche habe ich jetzt einen klassischen geschichteten Hefeteig mit Sauerrahm entwickelt. So viel zu backen und so wenig Zeit ...

vegan

Donuts

GRUNDREZEPT

Wer sagt eigentlich, dass vegane Donuts nicht genauso perfekt sein können wie klassische? So funktioniert das Rezept: Kartoffeln sorgen für Leichtigkeit, ebenso das Kartoffelwasser. Um den Teig zu binden, nehmen wir Kichererbsenmehl. Und POOF, wir haben die BESTEN Donuts!!! Man kann sie mit Schokoladenglasur, Zimt und Zucker, Beerenglasur oder einfach mit Puderzucker garnieren. Wir können sie frittieren oder im Ofen backen – also LOS!

Zubereitung: 45 Minuten plus Gehzeit
Ergibt 10–12 Donuts plus ebenso viele Donutlöcher

Vorteig
150 g Kartoffeln, geschält
75 Kokosöl oder anderes Pflanzenöl
150 ml ungesüßte Hafer- oder Nussmilch
100 ml Kartoffelwasser
1 TL Rohrzucker
1 Päckchen Hefe (7 g)

Teig
400 g Mehl
150 g Kichererbsenmehl
40 g Rohrzucker
1 TL Salz

1 Für den Vorteig die Kartoffeln kochen, abgießen und das Kochwasser auffangen. Die Kartoffeln noch warm zerdrücken und mit dem Öl aufschlagen. Die Hafermilch erwärmen. Von dem noch warmen Kartoffelkochwasser 100 ml abmessen, mit der Hafermilch, dem Rohrzucker und der Hefe vermengen. Den Vorteig 10 Minuten stehen lassen.

2 Für den Teig in einer großen Schüssel beide Mehlsorten mit Rohrzucker und Salz vermengen. Den Vorteig dazugeben und alles mit der Küchenmaschine oder dem Handrührgerät mit Knethaken 4 Minuten kneten. Der Teig ist sehr weich – das ist richtig so.

3 Den Teig zurück in die Schüssel geben und zum Gehen am besten über Nacht in den Kühlschrank stellen (mindestens aber 4 Stunden). Ein kalter Teig ist wesentlich einfacher zu bearbeiten als ein warmer Teig. Bei einem weichen Teig ist die Kälte der Schlüssel zum Erfolg!

4 Den fertig aufgegangenen Teig halbieren. Eine Hälfte zurück in den Kühlschrank legen. Dort hält er sich mehrere Tage frisch. Die andere Hälfte zu frittierten (s. S. 141) oder gebackenen (s. S. 142) Donuts verarbeiten.

vegan

Fried Donuts

IN ÖL AUSGEBACKEN

Sie denken vielleicht, dass das Frittieren von Donuts viel Arbeit macht oder dass frittiertes Essen immer fettig ist. Vergessen Sie das. Dies sind die leichtesten und leckersten Donuts, die Sie jemals essen werden. Vertrauen Sie mir!

Ergibt 5–6 Donuts plus ebenso viele Donutlöcher

½ Rezeptmenge Teig für Donuts (s. S. 140)
Mehl zum Bestäuben
1 l Öl zum Frittieren (ich nehme gerne Traubenkern- oder Rapsöl oder Pflanzenfett wie Biskin)
Streudekor (nach Belieben)

Zum Glasieren
Glasur nach Wahl (s. S. 157)

1 Den Teig wie auf S. 140 beschrieben zubereiten.

2 Ein Stück Backpapier auf ein Backblech legen. Den Teig auf einer sehr leicht bemehlten Arbeitsfläche etwa 1,5 cm dick ausrollen. Mit einer Ausstechform oder einem Glas (Ø 8 cm) Kreise ausstechen und gleich auf das Backblech legen. Dann jeweils in der Mitte ein Loch (Ø etwa 3 cm) ausstechen und die ausgestochenen Kreise ebenfalls auf dem Blech verteilen. Die Donuts 30 Minuten gehen lassen.

3 Das Öl in einem hohen Topf auf 180 °C erhitzen. Je nachdem, wie breit der Topf ist, die Donuts einzeln oder mehrere gleichzeitig hineingeben und auf jeder Seite etwa 50–70 Sekunden frittieren. Herausnehmen und auf ein Gitter legen.

4 Wenn sie ein wenig abgekühlt sind, in die gewünschte Glasur tauchen und zum Trocknen zurück auf das Gitter legen. Wenn Sie zusätzlich Streudekor verwenden wollen, gleich auf die Glasur sprenkeln, solange sie noch feucht ist – sonst haftet es nicht.

5 Die Donuts am besten gleich essen, auf jeden Fall aber am selben Tag!

vegan

Baked Donuts

AUS DEM BACKOFEN

Diese gebackenen veganen Donuts sind nicht von dieser Welt! Stellen Sie auf jeden Fall sicher, dass das Loch etwas größer ist als bei frittierten Donuts. Sie werden es mir danken ...

Ergibt 5–6 Donuts plus ebenso viele Donutlöcher

½ Rezeptmenge Teig für vegane Donuts (s. S. 140)
Mehl zum Bestäuben

Zum Glasieren
Glasur nach Wahl (s. S. 157)

1 Den Teig wie auf S. 140 beschrieben zubereiten.

2 Folgen Sie dem Rezept bis Schritt 4 und teilen Sie den Teig in zwei Hälften. Dann ein Backblech mit Backpapier auslegen. Eine Hälfte des Teigs in fünf Portionen aufteilen. Jedes Stück Teig zu einer Kugel rollen und auf das Backblech legen. 10 Minuten ruhen lassen.

3 Jeden Donut mit etwas Mehl bestäuben und flach drücken, bis er nur noch 2 cm dick ist. Achten Sie darauf, dass die Donuts eine schöne Form behalten. Dann in der Mitte das Loch ausstechen (Ø 4 cm) und die Teigkreise ebenfalls auf das Blech legen. Die Donuts jetzt 45–60 Minuten gehen lassen.

4 Den Backofen auf 190 °C Umluft vorheizen. Die aufgegangenen Donuts 6 Minuten backen, das Blech umdrehen und die Donuts weitere 5 Minuten backen, bis sie schön golden sind.

5 Die Donuts auf ein Gitter legen. Nach dem Abkühlen in die Glasur Ihrer Wahl tauchen und trocknen lassen.

Mashed Potato Donuts

DONUTS MIT QUETSCHKARTOFFELN

Zubereitung: 30 Minuten plus Kühlzeit
Ergibt 10–12 Donuts, je nach Größe, plus ebenso viele Donutlöcher

- 200 g Kartoffeln, geschält
- 525 g Mehl
- 2 TL Backpulver
- 1¼ TL Salz
- 1 TL Natron
- ¼ TL geriebene Muskatnuss
- 130 g Zucker
- 2 Eier, kalt
- 250 ml Buttermilch
- 40 g Butter, geschmolzen
- 1 TL Vanilleextrakt (s. S. 29)
- Mehl zum Bestäuben
- 1 l Pflanzenfett zum Frittieren (ich nehme gerne Biskin oder Rapsöl)

Garnierung

Zucker und Zimt oder eine Glasur nach Wahl (s. S. 157)

1 Die Kartoffeln kochen, zerdrücken und leicht abkühlen lassen. Das Mehl mit Backpulver, Salz, Natron und Muskat in eine große Schüssel sieben.

2 Mit der Küchenmaschine oder dem Handrührgerät die zerdrückten Kartoffeln mit dem Zucker verrühren. Die Eier nacheinander dazugeben, gefolgt von der Buttermilch, Butter und Vanilleextrakt. Nach und nach die Mehlmischung dazugeben und nur so lange rühren, bis der Teig zusammenkommt. Den Teig für 2 Stunden in den Kühlschrank stellen.

3 In einem hohen Topf das Pflanzenfett auf 190 °C erhitzen. Ein Laserthermometer ist dabei ganz praktisch, denn es ist sehr wichtig, dass die Temperatur konstant bleibt! In einer kleinen Schüssel Zimt mit Zucker vermengen oder die Glasur anrühren.

4 Zwei Ausstechringe oder Gläser (Ø 8 cm und 3 cm) sowie ein Kuchengitter bereitlegen. Ein Backblech mit Backpapier auslegen. Den gekühlten Teig halbieren. Eine Hälfte zurück in den Kühlschrank stellen. Die andere Hälfte auf einer leicht bemehlten Arbeitsfläche 12 mm dick ausrollen.

5 Aus dem Teig Donuts ausstechen, möglichst dicht an dicht. Die Ausstecher dabei immer wieder ins Mehl tauchen. Die Donuts auf das Backblech legen, in der Mitte jeweils ein Loch ausstechen und das Teigstück ebenfalls auf das Backblech legen. 10–15 Minuten trocknen lassen, damit die Donuts beim Frittieren das Öl nicht aufsaugen!

6 Die Donuts – nicht zu viele auf einmal – in das heiße Fett geben. Etwa 60 Sekunden frittieren, dann umdrehen und etwa 60 Sekunden auf der anderen Seite. Immer wieder die Temperatur des Öls kontrollieren. Die fertigen Donuts mit einem Schaumlöffel herausheben und auf das Gitter legen. Entweder gleich in Zimt und Zucker wälzen oder etwas abkühlen lassen und in die Glasur tauchen.

7 Weitermachen, bis der Teig aufgebraucht ist.

Baked Yeast Donuts

HEFEDONUTS AUS DEM BACKOFEN

Donuts oder Doughnuts – egal wie man sie schreibt, sie sind einfach köstlich und unwiderstehlich. Aber frisch gemacht müssen sie sein!

Zubereitung: 40 Minuten plus Gehzeit
Ergibt etwa 14 Donuts plus ebenso viele Donutlöcher

Vorteig
100 ml warmes Kartoffelwasser
1 Päckchen Trockenhefe (7 g)
50 g Mehl
1 TL Zucker

Teig
450 g Mehl
50 g Zucker
1½ TL Salz
1 TL abgeriebene Schale von 1 Bio-Zitrone
1 TL Vanilleextrakt (s. S. 29)
2 Eier
1 Eigelb (nicht unbedingt nötig, aber köstlich)
100 ml warmes Kartoffelwasser
100 g Butter, weich
Mehl zum Bestäuben
Butter zum Ausfetten

Zum Garnieren
90 g Pistazien, fein gehackt
zerlassene Butter zum Bestreichen
etwa 100 g Zucker

1 Um das Kartoffelwasser zu machen, ein paar geschälte Kartoffeln in 400 ml Wasser kochen, bis sie weich sind. Die Kartoffeln herausnehmen (und später zubereiten, wie Sie sie am liebsten essen). Das Kartoffelwasser zur Seite stellen und leicht abkühlen lassen, denn zu heißes Wasser tötet die Hefe!

2 Für den Vorteig 100 ml Kartoffelwasser, das jetzt Raumtemperatur haben sollte, zusammen mit der Hefe, dem Mehl und 1 TL Zucker vermengen und 20 Minuten stehen lassen.

3 Für den Teig in einer großen Schüssel Mehl, Zucker, Salz und Zitronenabrieb vermengen. Den Vorteig mit dem Vanilleextrakt und den Eiern verquirlen. Mit der Küchenmaschine oder dem Handrührgerät mit Knethaken die flüssigen Zutaten in das Mehlgemisch einarbeiten, gefolgt von der Butter. 4 Minuten kneten, bis der Teig weich und geschmeidig ist. Auf einer leicht bemehlten Arbeitsfläche noch einige Minuten von Hand kneten. Zurück in die leicht gebutterte Schüssel legen, mit einem feuchten Küchentuch abdecken und 60 Minuten bei Raumtemperatur gehen lassen. Man kann den Teig auch über Nacht in den Kühlschrank stellen, dann muss er am nächsten Tag 30 Minuten Raumtemperatur annehmen, bevor es mit Schritt 4 des Rezepts weitergeht.

4 Den Backofen auf 190 °C Umluft oder Unterhitze vorheizen. Ein bis zwei Backbleche mit Backpapier auslegen. Den Teig auf eine leicht bemehlte Arbeitsfläche geben und in 14 Stücke teilen, zu Kugeln formen und auf dem Backblech 10 Minuten ruhen lassen. Die Donuts dann flach drücken, bis sie nur noch 2 cm dick sind, in der Mitte jeweils ein Loch (Ø 4 cm) ausstechen. Die gehackten Pistazien auf die Oberfläche der Donuts und der ausgestochenen Kreise drücken. Die Donuts auf das Backblech legen, 20 Minuten gehen lassen, dann 11–12 Minuten backen, bis sie golden sind. Aus dem Ofen nehmen, gleich mit geschmolzener Butter bepinseln und in dem Zucker wälzen. Zum Abkühlen auf ein Gitter legen.

Classic Yeast Donuts

FRITTIERTE HEFEDONUTS ODER MAPLE BARS

Ob Donut oder Maple Bars, also Donutteig in rechteckiger Riegelform und Ahornglasur – selbst gemacht schmecken sie einfach am besten.

Zubereitung: 40 Minuten
Ergibt etwa 14 Donuts plus ebenso viele Donutlöcher

Hefeteig für Donuts (s. S. 146)
1 l Pflanzenöl zum Frittieren
Glasur nach Wahl (s. S. 157), für Maple Bars die Maple-Glasur
Mehl zum Bestäuben

1 Den Hefeteig herstellen wie auf S. 146 beschrieben.

2 Das Öl in einem hohen Topf langsam auf 180 °C erhitzen. Ein Backblech mit Backpapier auslegen. Den Teig auf einer leicht bemehlten Arbeitsfläche 1,4 cm dick ausrollen. Für Donuts mit einer runden Ausstechform oder einem Glas (Ø etwa 8 cm) die Donuts und Löcher (Ø 3 cm) ausstechen und auf das Backblech legen. Den Ausstecher immer wieder in Mehl tauchen, damit er nicht am Teig klebt und ihn zusammendrückt. Für Maple Bars den ausgerollten Teig in Rechtecke schneiden (5 × 7 cm).

3 Donuts oder Bars 30 Minuten ruhen lassen, dann ein Stück nach dem anderen etwa 1½ Minuten pro Seite frittieren. Herausnehmen und auf ein Gitter legen. Nach dem Abkühlen glasieren.

Apple Cider Donuts

Apple Cider Donuts mit Zimt und Zucker isst man in den Staaten beim Farmer. Ich habe sie zum ersten Mal vor fast 30 Jahren in Upstate New York probiert und ich erinnere mich heute noch daran. Und jetzt kann ich nicht länger warten, bis ich wieder mal in Upstate New York bin ... Ich muss sie einfach selber machen. Enjoy!

Zubereitung: 40 Minuten
Ergibt etwa 12 Donuts plus ebenso viele Donutlöcher

300 ml Apfelwein oder Apfelsaft
375 g Mehl
100 g Vollkornmehl
2 TL Backpulver
½ TL Natron
¾ TL Salz
½ TL Zimt
1 Prise geriebene Muskatnuss
75 g Butter, weich
130 g Rohrohrzucker
2 Eier
75 ml Milch
Mehl zum Bestäuben
1 l Pflanzenöl zum Frittieren

Zum Glasieren
Zimt und Zucker oder Maple-Glasur (s. S. 157)

1 In einem kleinen Topf den Apfelwein oder Apfelsaft etwa 10 Minuten aufkochen und auf 75 ml reduzieren. Abkühlen lassen.

2 In einer großen Schüssel beide Mehlsorten, Backpulver, Natron, Salz und Gewürze vermengen.

3 Mit derKüchenmaschine oder dem Handrührgerät die Butter mit dem Zucker cremig schlagen. Nach und nach Eier, Milch und Apfelwein bzw. Apfelsaft dazugeben und noch kurz weiterschlagen. Nach und nach das Mehlgemisch dazugeben und nur so lange rühren, bis gerade so ein Teig entsteht. Da der Teig relativ weich ist, stellen wir ihn für 1 Stunde in den Kühlschrank, damit das Gluten sich entspannen kann. Ein gekühlter Teig lässt sich auch besser ausrollen! Der Teig hält sich im Kühlschrank mindestens 1 Tag.

4 In einem Topf das Pflanzenfett auf 180 °C erhitzen. Ein Laserthermometer ist dabei ganz praktisch, denn es ist sehr wichtig, dass die Temperatur konstant bleibt! In einer kleinen Schüssel Zimt mit Zucker vermengen oder die Maple-Glasur vorbereiten.

5 Jetzt je eine Ausstechform oder ein Glas (Ø 8 cm und 3 cm) sowie ein Kuchengitter bereitlegen. Ein oder zwei Backbleche mit Backpapier auslegen. Den Teig halbieren. Eine Hälfte zurück in den Kühlschrank stellen. Die zweite Hälfte auf einer leicht bemehlten Arbeitsfläche 12 mm dick ausrollen.

6 Die Donuts möglichst dicht an dicht ausstechen, damit man den Teig nicht zu oft ausrollen muss. Den Ausstecher zwischendurch immer wieder ins Mehl tauchen. Die Donuts und die ausgestochenen Löcher auf ein Backblech legen und 10–15 Minuten trocknen lassen, damit sie das Öl nicht aufsaugen.

7 Je nach Größe des Topfs die Donuts nacheinander oder mehrere gleichzeitig (nicht zu viele auf einmal, sonst backen sie nicht richtig aus!) in das Öl geben. 45–60 Sekunden auf der einen Seite frittieren, dann umdrehen und 45–60 Sekunden auf der zweiten Seite. Immer wieder die Temperatur des Öls kontrollieren. Mit einem Schaumlöffel die Donuts aus dem Öl nehmen und auf das Gitter legen. Nach Belieben entweder gleich in Zimt und Zucker wälzen oder etwas abkühlen lassen und dann in die Maple-Glasur tauchen.

8 Weitermachen, bis der Teig aufgebraucht ist.

Angel Biscuits

GRUNDREZEPT MIT BUTTERMILCH

Angel Biscuits sind eine Erfindung der 1950er-Jahre und kommen ursprünglich aus den Südstaaten (Alabama oder Tennessee). Man nannte sie auch Braut-Brötchen, denn sogar eine frisch gebackene Hausfrau konnte sie hinkriegen!

Zubereitung: 20 Minuten plus Gehzeit
Ergibt etwa 1,5 kg Teig für 25 Biscuits à 60 g

1 Päckchen Trockenhefe (7 g)
1 Prise Zucker
50 ml warme Buttermilch
600 g Mehl
100 g Maisstärke
2–3 EL Zucker
1 EL Backpulver
1 TL Natron
2 TL Salz
200 g Butter, kalt, in kleine Stückchen geschnitten
450 ml Buttermilch
Mehl zum Bestäuben

Zum Bestreichen
40 g Butter, geschmolzen

1 Die Hefe mit einer Prise Zucker in der warmen Buttermilch verrühren und 20 Minuten gehen lassen.

2 Mehl mit Maisstärke, Zucker, Backpulver, Natron und Salz vermengen. Mit den Fingerspitzen die kalte Butter grob einarbeiten. Mit der Küchenmaschine oder dem Handrührgerät die Hefemischung sowie die Buttermilch ins Mehl einarbeiten. Der Teig ist extrem weich - das ist richtig so!

3 Mithilfe eines Teigschabers und wenig Mehl den Teig kurz von Hand bearbeiten und dann zurück in die Schüssel geben, mit Frischhaltefolie zudecken und mindestens 4 Stunden (und bis zu 4 Tage) im Kühlschrank ruhen lassen. Der gut durchgekühlte Teig lässt sich optimal bearbeiten mit weniger Mehl.

4 Den Backofen auf 200 °C Umluft oder Unterhitze vorheizen. Ein Backblech mit Backpapier auslegen. Den Teig halbieren. Eine Hälfte zurück in den Kühlschrank legen, die andere Hälfte auf eine leicht bemehlten Arbeitsfläche geben und 2 cm dick ausrollen. Mit einer runden Ausstechform oder einem Glas die Biscuits ausstechen und gleich auf das Backblech legen. Die Ausstechform oder das Glas immer wieder ins Mehl tauchen, damit es nicht am Teig klebt und ihn zusammendrückt. Die Biscuits vor dem Backen mit geschmolzener Butter bepinseln und 5 Minuten ruhen lassen. Etwa 15 Minuten im oberen Drittel des Ofens backen, je nach Größe, bis sie golden sind. Aus dem Ofen nehmen und gleich mit Butter bepinseln. Zum Abkühlen auf ein Gitter legen (Foto s. S. 154).

TIPP

Man kann die zweite Hälfte bis zu 4 Tage im Kühlschrank warten lassen, um im Lauf der Woche der Woche noch einmal frische Biscuits backen, man kann ihn aber auch zu Donuts verarbeiten (s. S. 153).

Fried Angel Donuts

Zubereitung: 30 Minuten plus Gehzeit
Ergibt etwa 16 Donuts, je nach Größe, plus ebenso viele Donutlöcher

Teig für Angel Biscuits (s. S. 152)
1 l Pflanzenfett oder Rapsöl zum Frittieren
Glasur Ihrer Wahl (s. S. 157)
Mehl zum Bestäuben

1 Den Teig zubereiten wie auf S. 152 beschrieben.

2 In einem hohen Topf 1 l Öl langsam auf 180 °C erhitzen. Ein Backblech mit Backpapier auslegen. Den Teig auf einer leicht bemehlten Arbeitsfläche 1,5 cm dick ausrollen. Mit einer runden Ausstechform oder einem Glas (Ø etwa 8 cm) die Donuts und Löcher (Ø 3,5 cm) ausstechen und auf das Backblech legen. Den Ausstecher immer wieder in Mehl tauchen, damit er nicht am Teig klebt und ihn zusammendrückt. Für Maple Bars den Teig in Rechtecke schneiden (5 × 7 cm). Donuts oder Maple Bars 5 Minuten ruhen lassen, dann ein Stück nach dem anderen 1½ Minuten pro Seite frittieren. Aus dem Frittierbad nehmen und auf ein Gitter legen. Nach dem Abkühlen glasieren.

Baked Angel Donuts

AUS DEM BACKOFEN

Zubereitung: 30 Minuten plus Gehzeit
Ergibt 16–18 Donuts, je nach Größe, plus ebenso viele Donutlöcher

Teig für Angel Biscuits (s. S. 152)
30 g Korinthen
Mehl zum Bestäuben
30 g Butter, geschmolzen
50 g feiner Zucker

1 Den Teig zubereiten wie auf S. 152 beschrieben.

2 Den Backofen auf 190 °C Umluft oder Unterhitze vorheizen. Ein Backblech mit Backpapier auslegen. Den Teig auf eine leicht bemehlte Arbeitsfläche geben und die Korinthen in den Teig einarbeiten.

3 Den Teig in 16–18 Stücke aufteilen, zu Kugeln rollen und auf dem Backblech 5 Minuten ruhen lassen. Die Donuts jetzt flach drücken, bis sie nur noch etwa 2 cm dick sind, die Löcher (Ø 4 cm) in der Mitte ausstechen und ebenfalls auf das Backblech legen.

4 Die Donuts 15–17 Minuten backen, bis sie golden sind. Aus dem Ofen nehmen und gleich mit geschmolzener Butter bepinseln und in dem Zucker wälzen. Zum Abkühlen auf ein Gitter legen (Foto s. S. 155).

5 Donut Glazes

Jeweils die Zutaten für das Rezept in einer kleinen Schüssel mit einem Schneebesen gründlich verquirlen. Mit Frischhaltefolie abgedeckt halten sich die Glasuren 2 Tage. Eventuell mit etwas Wasser oder Milch verdünnen, wenn eine Glasur länger gestanden hat.

Zimt & Zucker
100 g Zucker
1 EL Zimt
eventuell etwas geschmolzene Butter, um die Donuts zu bepinseln

Maple-Glasur
125 g Puderzucker
1 Prise Salz
80 g Ahornsirup

Milch- oder weiße Glasur
125 g Puderzucker
3–4 EL Milch (oder Zitronensaft, Nuss- oder Hafermilch für eine vegane Variante)

Brombeer-, Himbeer- oder Heidelbeerglasur
125 g Puderzucker
5 EL Beerensaft

Schokoglasur
125 g Puderzucker
30 g ungesüßtes Kakaopulver
3 EL Milch (oder Nuss- oder Hafermilch für eine vegane Variante)
1 TL Vanilleextrakt (s. S. 29)

Sweet Pluffins

KARAMELLISIERTE PLUFFINS

Zubereitung: 45 Minuten plus Gehzeit
Ergibt 12 Pluffins

Teig
425 g Mehl (oder 350 g Mehl Type 405 + 75 g Vollkornmehl)
1 Päckchen Trockenhefe (7 g)
¾ TL Zucker
¾ TL Salz
½ TL gemahlener Kardamom
100 ml warmes Wasser
200 ml Milch
1 Ei
180 g Butter, kalt
Mehl zum Bestäuben
Butter zum Ausfetten

Füllung
50 g Rohrzucker
50 g Zucker
50 g Butter, geschmolzen

1 Für den Teig in einer großen Schüssel Mehl, Hefe, Zucker, Salz und Kardamom vermengen. In einer zweiten Schüssel warmes Wasser, Milch und Ei verquirlen. Die Wasser-Milch-Mischung zur Mehl-Hefe-Mischung geben. Mit der Küchenmaschine oder dem Handrührgerät mit Knethaken 4 Minuten kneten. Haben Sie Geduld, denn der Teig ist recht weich. Den Teig auf einer leicht bemehlten Arbeitsfläche einige Minuten von Hand kneten, dann für 15 Minuten in den Kühlschrank stellen.

2 Die Butter leicht mit Mehl bestäuben, dann zwischen zwei Blatt Backpapier legen. Mit einem Nudelholz daraufklopfen und die Butter zu einem flachen Quadrat (20 × 20 cm) ausrollen. In den Kühlschrank legen.

3 Den Teig aus dem Kühlschrank nehmen und auf die leicht bemehlte Arbeitsfläche legen. Zu einem Quadrat von 40 cm Seitenlänge ausrollen. Die Butter in die Mitte legen. Ränder des Teigs zur Mitte hin einklappen, wie bei einem Päckchen. Die Ränder zum Versiegeln zusammendrücken. Darauf achten, dass die Arbeitsfläche immer leicht bemehlt ist. Mit dem Nudelholz den Teig zu einem Rechteck von 45 cm Länge ausrollen. Ein Ende des Teigs zur Mitte hin einklappen, dann das andere Ende darüberschlagen wie bei einem Briefbogen. Sie haben jetzt drei Lagen Teig. Den Teig 25 Minuten im Kühlschrank ruhen lassen.

4 Den Teig noch drei Mal zu einem Rechteck ausrollen und wieder zusammenfalten wie in Schritt 3, dabei zwischendurch im Kühlschrank ruhen lassen. Notieren Sie sich, wie oft Sie den Teig ausgerollt haben – insgesamt sollten es vier Mal sein. Der Teig hält sich bis zu 24 Stunden im Kühlschrank.

5 Für die Füllung Rohrzucker und Zucker vermengen.

6 Ein 12er-Muffinblech leicht buttern. Auf einer leicht bemehlten Arbeitsfläche den Teig dritteln. Ein Drittel zu einem Rechteck (30 × 40 cm) ausrollen. Haben Sie Geduld, denn der Teig kann etwas zurückspringen. Nicht verzweifeln!

7 Etwas Butter auf den Teig pinseln, mit Zimtzucker bestreuen und den Teig aufrollen. Die Rolle jetzt halbieren, sodass zwei Rollen à 15 cm entstehen, und jede Hälfte durch die Mitte (längs) halbieren. Sie haben jetzt vier Stücke Teig.

8 Jedes Stück Teig wie eine Schnecke aufrollen. In die Muffinmulden setzen und dabei darauf achten, dass die Schnecke auf dem Ende des Teigstreifens sitzt, damit er sich nicht entrollen kann. Den restlichen Teig genauso verarbeiten. Die Pluffins mit einem Küchentuch abdecken und 30 Minuten gehen lassen.

9 Den Backofen auf 190 °C Unterhitze oder Umluft vorheizen. Die Pluffins 20–22 Minuten backen, bis sie golden sind. 5 Minuten in der Backform abkühlen lassen. Warm oder bei Raumtemperatur genießen.

Savoury Pluffins

PLUFFINS MIT GRÜNEM PESTO

Zubereitung: 45 Minuten plus Gehzeit
Ergibt 12 Pluffins

Teig
425 g Mehl (oder 350 g Mehl Type 405 + 75 g Vollkornmehl)
1 Päckchen Trockenhefe (7 g)
¾ TL Zucker
¾ TL Salz
100 ml warmes Wasser
200 ml Milch
1 Ei
180 g Butter, kalt
Mehl zum Bestäuben
Butter zum Ausfetten

Füllung
100 g frischer Spinat, gewaschen, getrocknet und grob gehackt
1–2 getrocknete Chilischoten
2 EL frische Zitronenthymian-Blätter
1 Bund Petersilie, grob gehackt
3 EL gehacktes frisches Basilikum
¼ TL Salz
20 g Nüsse (z. B. Walnusskerne oder Kürbiskerne)
etwa 4 EL Olivenöl
1 EL Butter, weich
50 g Parmesan, gerieben (oder eine Mischung aus Parmesan und Feta)

1 Für den Teig in einer großen Schüssel Mehl, Hefe, Zucker und Salz vermengen. In einer zweiten Schüssel 100 ml warmes Wasser, Milch und Ei verquirlen. Die Wasser-Milch-Mischung zur Mehl-Hefe-Mischung geben. Mit der Küchenmaschine oder dem Handrührgerät mit Knethaken 4 Minuten kneten. Haben Sie Geduld, denn der Teig ist recht weich. Den Teig auf einer leicht bemehlten Arbeitsfläche noch einige Minuten von Hand kneten, dann für 15 Minuten in den Kühlschrank stellen.

2 Die Butter leicht mit Mehl bestäuben und zwischen zwei Blatt Backpapier legen. Mit einem Nudelholz daraufklopfen und die Butter zu einem flachen Quadrat (20 × 20 cm) ausrollen. In den Kühlschrank legen (oder ins Tiefkühlfach, wenn die Butter weich geworden ist).

3 Den Teig aus dem Kühlschrank nehmen und auf die leicht bemehlte Arbeitsfläche legen. Zu einem Quadrat von 40 cm Seitenlänge ausrollen. Die Butter in die Mitte legen. Die Ränder des Teigs zur Mitte hin einklappen, wie bei einem Päckchen. Die Ränder zum Versiegeln zusammendrücken. Darauf achten, dass die Arbeitsfläche immer leicht bemehlt ist. Mit dem Nudelholz den Teig zu einem Rechteck von 45 cm Länge ausrollen. Ein Ende des Teigs zur Mitte hin einklappen, dann das andere Ende darüberschlagen wie bei einem Briefbogen. Sie haben jetzt drei Lagen Teig. Den Teig 25 Minuten im Kühlschrank ruhen lassen.

4 Den Teig noch drei Mal zu einem Rechteck ausrollen und wieder zusammenfalten wie in Schritt 3, dabei zwischendurch im Kühlschrank ruhen lassen. Notieren Sie sich, wie oft Sie den Teig ausgerollt haben – insgesamt sollten es vier Mal sein. Der Teig hält sich bis zu 24 Stunden im Kühlschrank.

5 Für die Füllung alle Zutaten außer dem Käse mit Küchenmaschine, Mixer oder Pürierstab gründlich zerkleinern und zu einem Pesto verarbeiten. Den Käse von Hand einrühren.

6 Eine 12er-Muffinform leicht buttern und eventuell die Mulden mit einem Stückchen Backpapier auslegen – der geschmolzene Käse kann kleben! Den Teig halbieren. Auf einer leicht bemehlten Arbeitsfläche eine Hälfte zu einem Rechteck ausrollen (30 × 35 cm) und mit der Hälfte des Pestos bestreichen. Den Teig aufrollen, gleichmäßig in sechs Stücke schneiden und in die Muffinform geben. Jetzt die zweite Hälfte des Teigs bearbeiten. 30 Minuten gehen lassen.

7 Den Backofen auf 190 °C Unterhitze oder Umluft vorheizen. Die Pluffins 20–22 Minuten backen, bis sie golden sind. Nur ganz kurz in der Backform abkühlen lassen, weil der geschmolzene Käse sonst in der Backform festkleben kann. Die Pluffins warm oder bei Raumtemperatur genießen.

Rugelach with two sweet Fillings

RUGELACH MIT ZWEI SÜSSEN FÜLLUNGEN

Lange Zeit habe ich für Rugelach einen klassischen Teig mit Frischkäse verwendet. Aber schließlich wurde mir klar, dass sich mit Hefeteig eine ganz neue Rugelach-Welt auftut. Hier kommt ein Rezept mit zwei Füllungen und Raum für Experimente.

Zubereitung: 45 Minuten plus Gehzeit
Ergibt 48 Stück

Teig
500 g Mehl
40 g Zucker
½ TL Salz
1 Päckchen Trockenhefe (7 g)
2 Eier
50 g Pflanzenöl
200 g saure Sahne
175 g Butter, kalt
eventuell 1–2 EL Wasser
Mehl zum Bestäuben

1 Für den Teig in einer großen Schüssel Mehl, Zucker, Salz und Hefe vermengen. In einem Messbecher die Eier mit dem Pflanzenöl und der sauren Sahne verquirlen.

2 Mit der Küchenmaschine oder dem Handrührgerät mit Knethaken die S aure-Sahne-Mischung zu der Mehlmischung geben. 5 Minuten kneten, bis der Teig weich und geschmeidig ist. Eventuell 1–2 EL Wasser beim Kneten dazugeben, wenn nötig. Dann den Teig für 1 Stunde in den Kühlschrank stellen.

3 Die Butter leicht mit Mehl bestäuben. Zwischen zwei Blatt Backpapier legen und dann mit einem Nudelholz zu einem flachen Quadrat klopfen (20 × 20 cm). In dem Backpapier kalt stellen.

4 Den Teig aus dem Kühlschrank nehmen und auf die Arbeitsfläche legen. Zu einem Quadrat von 40 cm Seitenlänge ausrollen. Arbeitsfläche und Nudelholz leicht bemehlt halten. Die Butter in die Mitte der Teigplatte legen. Die Seiten des Teigs zur Mitte hin einklappen. Die Ränder zum Verschließen gut zusammendrücken.

5 Den Teig zu einem Rechteck von 45 × 30 cm ausrollen. Das untere Drittel des Teigs zur Mitte hin umschlagen, das obere Drittel darüberlegen wie bei einem Briefbogen. Den Teig drehen, sodass die geschlossene Seite rechts liegt. Jetzt haben Sie drei Teigschichten hergestellt. Dieser Faltvorgang heißt tourieren.

Süße Füllung I, für ein halbes Rezept (24 Stück)
1 Ei
200 g Marzipan
30 g Butter, weich
2 TL Wasser
4 EL Himbeerkonfitüre
einige EL Mandelblättchen als Garnitur

Süße Füllung II, für ein halbes Rezept (24 Stück)
200 g Zartbitterschokolade
150 g Tahin
80 g Honig
1 Ei
2 TL Wasser
2 EL Sesamsaat
2 EL Rohrohrzucker

6 Den Teig leicht mit Mehl bestäuben, in Backpapier wickeln und 30 Minuten kühlen. Auf der leicht bemehlten Arbeitsfläche ein zweites Mal zu einem 45 cm langen Rechteck ausrollen. Den Faltprozess aus Schritt 5 noch zwei Mal wiederholen und den Teig dazwischen jeweils 20 Minuten in den Kühlschrank legen, um sicherzustellen, dass die Butter schön kalt bleibt. Machen Sie eine kleine Strichliste, damit Sie den Überblick nicht verlieren: insgesamt vier bis fünf Mal tourieren. Jetzt ist der Teig fertig und kann verwendet werden.

7 Die Füllung Ihrer Wahl zusammenstellen.
Füllung I: Das Ei trennen. Mit der Küchenmaschine oder dem Handmixer Marzipan mit Butter und Eiweiß cremig aufschlagen. Eigelb und Wasser für die Glasur verquirlen.
Füllung II: Die Schokolade fein hacken. Tahin mit Honig cremig aufschlagen. Das Ei mit dem Wasser für die Glasur verquirlen.

8 Ein Backblech mit Backpapier auslegen. Den Teig vierteln. Ein Viertel auf der leicht bemehlten Arbeitsfläche zu einem Kreis ausrollen, etwa 4 mm dick und mit einem Durchmesser von 30 cm. Für Füllung I mit der Hälfte der Himbeerkonfitüre bestreichen, dann die Hälfte der Marzipanmischung darauf verteilen. Für Füllung II mit der Hälfte der Tahinmischung bestreichen und mit der Hälfte der Schokolade bestreuen.

9 Den Teigkreis wie eine Uhr in zwölf gleich große Stücke teilen und jedes Stück vom breiten Ende her aufrollen. Auf das Backblech setzen und dabei darauf achten, dass die Spitze des Dreiecks unten liegt, damit sich der Teig beim Backen nicht entrollt. So weitermachen, bis Teig und Füllung aufgebraucht sind.

10 Den Backofen auf 180 °C Umluft vorheizen. Die Rugelach mit einem Küchentuch leicht abdecken, 30 Minuten gehen lassen, danach mit Eiglasur bepinseln und mit Mandelblättchen bzw. Sesam und Rohrohrzucker besprenkeln.

11 Die Rugelach 15 Minuten backen, bis sie goldbraun sind. Auf einem Kuchengitter abkühlen lassen. Gleich essen oder luftdicht verpackt bis zu 2 Tage aufbewahren (Foto s. S. 164/165).

Rugelach with two savory Fillings

RUGELACH MIT ZWEI HERZHAFTEN FÜLLUNGEN

Herzhafte Rugelach sind die perfekten Appetithäppchen, wenn Freunde zum Essen kommen, aber auch zum Picknick kann man sie mitnehmen. Und was die Füllung angeht: Experimentieren Sie ruhig auch mit saisonalen Zutaten!

Zubereitung: 45 Minuten plus Gehzeit
Ergibt 48 Stück

Teig
500 g Mehl
40 g Zucker
½ TL Salz
1 Päckchen Trockenhefe (7 g)
2 Eier
50 g Pflanzenöl
200 g saure Sahne
175 g Butter, kalt
eventuell 1–2 EL Wasser
Mehl zum Bestäuben

Füllung I mit karamellisierten Zwiebeln, für ein halbes Rezept (24 Stück)
500 g Zwiebeln
30 g Olivenöl oder Butter
1–2 EL Zucker
1 TL Salz
1 getrocknete Chilischote, gehackt
2 EL Balsamico- oder Weißweinessig

1 Für den Teig in einer großen Schüssel Mehl, Zucker, Salz und Hefe vermengen. In einem Messbecher die Eier mit dem Pflanzenöl und der sauren Sahne verquirlen.

2 Mit der Küchenmaschine oder dem Handrührgerät mit Knethaken die saure-Sahne-Mischung zu der Mehlmischung geben. 5 Minuten kneten, bis der Teig weich und geschmeidig ist. Eventuell 1–2 EL Wasser beim Kneten dazugeben, wenn nötig. Dann den Teig für 1 Stunde in den Kühlschrank stellen.

3 Die Butter leicht mit Mehl bestäuben. Zwischen zwei Blatt Backpapier legen und mit einem Nudelholz zu einem flachen Quadrat klopfen (20 × 20 cm). In dem Backpapier kaltstellen.

4 Den Teig aus dem Kühlschrank nehmen und auf die Arbeitsfläche legen. Zu einem Quadrat von 40 cm Seitenlänge ausrollen. Arbeitsfläche und Nudelholz leicht bemehlt halten. Die Butter in die Mitte der Teigplatte legen. Die Seiten des Teigs zur Mitte hin einklappen. Die Ränder zum Verschließen gut zusammendrücken.

5 Den Teig zu einem Rechteck von 45 × 30 cm ausrollen. Das untere Drittel des Teigs zur Mitte hin umschlagen, das obere Drittel darüberlegen wie bei einem Briefbogen. Den Teig drehen, sodass die geschlossene Seite rechts liegt. Jetzt haben Sie drei Teigschichten hergestellt. Dieser Faltvorgang heißt tourieren.

Füllung II mit Tapenade und Käse, für ein halbes Rezept (24 Stück)

1 kleines Glas Tapenade aus schwarzen Oliven (90–120 g)
150 g Cheddar oder Käse Ihrer Wahl

Zum Bestreuen

1 TL Mohnsamen
1 TL Sesamsaat
1 TL grobes Meersalz
½ TL Kümmel
½ TL Zwiebelpulver
½ TL Knoblauchpulver
½ TL geräucherter Paprika
1 Ei
1 TL Wasser

6 Den Teig leicht mit Mehl bestäuben, in Backpapier wickeln und 30 Minuten kühlen. Auf der leicht bemehlten Arbeitsfläche ein zweites Mal zu einem 45 cm langen Rechteck ausrollen. Den Faltprozess aus Schritt 5 noch zwei Mal wiederholen und den Teig dazwischen für jeweils 20 Minuten in den Kühlschrank legen, um sicherzustellen, dass die Butter schön kalt bleibt. Machen Sie eine kleine Strichliste, damit Sie den Überblick nicht verlieren: insgesamt vier bis fünf Mal tourieren. Jetzt ist der Teig fertig und kann verwendet werden.

7 Die Füllung Ihrer Wahl vorbereiten.
Füllung I: Die Zwiebeln schälen und in Ringe schneiden. Olivenöl oder Butter in eine schwere Bratpfanne geben, gefolgt von den Zwiebeln, Zucker, Salz und Chili. 5 Minuten bei mittlerer Hitze anschwitzen. Die Hitze reduzieren, Deckel auflegen und die Zwiebeln weitere 20 Minuten garen, dabei gelegentlich rühren, damit die Zwiebeln keine Farbe annehmen, sondern lediglich zusammenfallen. Den Essig hinzufügen und die Zwiebeln ohne Deckel noch 10 Minuten weitergaren.
Füllung II: Die Tapenade bereitstellen und den Käse reiben. Zum Bestreuen die trockenen Zutaten gründlich vermengen. Das Ei mit 1 TL Wasser verquirlen.

8 Ein Backblech mit Backpapier auslegen. Den Teig vierteln. Ein Viertel auf der leicht bemehlten Arbeitsfläche zu einem Kreis ausrollen, etwa 4 mm dick und mit einem Durchmesser von 30 cm. Mit der Hälfte der karamellisierten Zwiebeln belegen. Oder den Teig mit Tapenade bestreichen und mit der Hälfte des Käses bestreuen.

9 Den Teigkreis wie eine Uhr in zwölf gleich große Stücke teilen und vom breiten Ende her aufrollen. Auf das Backblech setzen und dabei darauf achten, dass die Spitze des Dreiecks unten liegt, damit sich der Teig beim Backen nicht entrollt. So weitermachen, bis Teig und Füllung aufgebraucht sind.

10 Den Backofen auf 180 °C Umluft vorheizen. Die Rugelach mit einem Küchentuch leicht abdecken, 30 Minuten gehen lassen, danach mit Eiglasur bepinseln und mit dem Gewürzgemisch besprenkeln.

11 Die Rugelach 15 Minuten backen, bis sie goldbraun sind. Auf einem Kuchengitter abkühlen lassen. Gleich essen oder luftdicht verpackt bis zu 2 Tage aufbewahren (Foto s. S. 168/169).

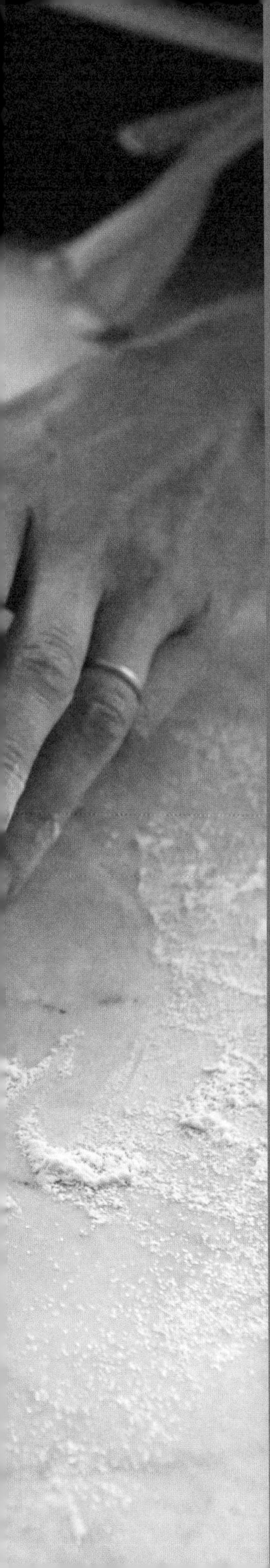

BROT & HEFE-GEBÄCK

Der Duft von frisch gebackenem Hefeteig weckt bei mir Erinnerungen. Bei vielen Rezepten in diesem Kapitel trifft »Veganheit« auf Gegenwart, etwa bei dem Coffee Cake, einem Streuselkuchen mit saisonalen Früchten, von dem es auch eine leckere vegane Version gibt, mit einem Anteil Kichererbsenmehl gebacken! Die karamellisierten Pekannuss-Schnecken habe ich mit Süßkartoffeln einen Schritt weiterentwickelt – sie schmecken himmlisch! Und irgendwie ist am Ende immer auch ein Rezept dabei, das auf eine Freundin meiner Oma zurückgeht. Dieses Mal sind es die Zitronen-Mohn-Schnecken. Sie sind wirklich pure Nostalgie. Aber ich mag auch herzhafte Zubereitungen wie die Teigtaschen oder das Pitabrot. Wie Cookies mit Zutaten aus dem Vorratsschrank eröffnen sie dem Bäcker vielfältige Möglichkeiten für spontane Kreationen. Öffnen Sie also Ihren Kühlschrank und Ihre Vorratskammer – seien Sie mutig und kreativ, es gibt so viel zu entdecken! Und wenn Ihnen gerade danach ist, probieren Sie ein paar Hummus-Rezepte aus – auch in der Küche kann man seinen Horizont erweitern.

vegan

Yeast Coffee Cake

HEFE-STREUSELKUCHEN MIT FRÜCHTEN

Der amerikanische Coffee Cake ist eine Art Streuselkuchen, und dafür finde ich immer wieder neue Inspirationen. Saisonales Obst, nach Möglichkeit aus der Region, ist für mich die größte Inspiration überhaupt – Äpfel, Pflaumen, Birnen oder Beeren, hier geht alles! Also, seien Sie experimentierfreudig!

REZEPT MIT VEGANER ALTERNATIVE

Zubereitung: 40 Minuten
Für 1 Backform von 24 × 32 cm

1 Päckchen Trockenhefe (7 g)
1 Prise Zucker
450 g Mehl
50 g Zucker
100 ml warmes Wasser
1 TL Salz
fein abgeriebene Schale von 1 Bio-Zitrone
2 Eier
125 ml Milch
125 g Butter, weich
Mehl zum Bestäuben
½ TL Butter oder Margarine zum Ausfetten

Belag
750 g Obst der Saison, entsteint oder entkernt und klein geschnitten, falls nötig
1 EL Mehl
einige EL Zucker, je nach Reife und Süße der Früchte

1 Die Hefe mit 1 Prise Zucker und dem warmen Wasser verrühren und 10 Minuten gehen lassen.

2 In einer großen Schüssel Mehl, Zucker, Salz und Zitronenschale vermengen. Die Eier mit der Milch verquirlen. Die flüssigen Zutaten zum Mehlgemisch geben. Mit der Küchenmaschine oder dem Handrührgerät mit Knethaken 2 Minuten kneten, dann die Butter nach und nach dazugeben. Insgesamt den Teig 4 Minuten kneten. Der Teig ist recht weich, das ist richtig so. Auf eine leicht bemehlte Arbeitsfläche geben und von Hand noch einige Minuten kneten. Der Teig bleibt weich.

3 Die Schüssel mit ein wenig Butter ausstreichen, den Teig hineingeben, mit einem feuchten Küchentuch abdecken und entweder 90 Minuten bei Raumtemperatur gehen lassen oder über Nacht in den Kühlschrank stellen – dann etwa 30 Minuten auf Raumtemperatur kommen lassen, bevor es mit Schritt 3 des Rezepts weitergeht.

4 Eine Backform (24 × 32 cm) leicht ausfetten. Den Teig in der Backform verteilen und weitere 45 Minuten gehen lassen.

5 Das Obst vorbereiten und mit 1 EL Mehl sowie Zucker nach Bedarf vermengen. Alle Zutaten für die Streusel in einer kleinen Schüssel mit den Fingerspitzen grob vermischen.

Streusel
75 g Butter, kalt
75 g Mehl
2 EL Rohrzucker
100 g Marzipan, gekühlt und klein geschnitten
½ TL Zimt
1 Prise Salz

6 Den Backofen auf 180 °C Umluft oder Unterhitze vorheizen. Das Obst gleichmäßig auf dem Teig verteilen und mit den Streuseln locker bedecken. Den Streuselkuchen 41–43 Minuten backen. Nach 30 Minuten die Farbe prüfen und den Kuchen eventuell mit Backpapier abdecken. Vor dem Servieren auf einem Kuchengitter leicht abkühlen lassen.

Für die vegane Alternative dem Rezept folgen, aber in Schritt 2 nur 350 Mehl verwenden. Die Eier durch 100 g Kichererbsenmehl ersetzen, die Milch gegen 125 ml Hafer- oder Nussmilch austauschen. Margarine anstelle von Butter verwenden.

Poppyseed Sweet Rolls

ZITRONEN-MOHN-SCHNECKEN

Im Urlaub habe ich meine beste Freundin besucht und sie hat mir von ihren Lieblings-Mohnschnecken vorgeschwärmt. In der Nacht habe ich davon geträumt und gemerkt: Die Schnecken kenne ich! Die beste Freundin meiner Großmutter in Florida hat auch immer welche gebacken – *southern charm!* Hier ist meine Version, aus der Erinnerung …

Zubereitung: 30 Minuten plus Gehzeit
Für 1 Backform von 24 × 32 cm
Ergibt 9–12 große Stücke (man kann sie auch kleiner machen!)

Teig
75 g Butter
300 ml Milch, warm
abgeriebene Schale von 1 Bio-Zitrone
1 EL Zitronensaft
550 g Mehl
1 Päckchen Trockenhefe (7 g)
¼ TL Natron
1 TL Salz
30 g Zucker (oder Rohrzucker)
25 g Mohnsamen
1 Ei
1 Eigelb
Mehl zum Bestäuben
Butter zum Ausfetten

Füllung
175 g Frischkäse (Raumtemperatur)
100 g Butter, weich
50 g Rohrzucker
2 EL Mohnsamen
¼ TL Salz

1 Für den Teig die Butter in der warmen Milch mit Zitronenschale und -saft zerlassen. Auf Raumtemperatur abkühlen lassen. In einer großen Schüssel Mehl, Hefe, Natron, Salz, Zucker und Mohnsamen vermengen. Das Ei und das Eigelb zu der Milch geben. Die flüssigen Zutaten zur Mehlmischung geben und mit der Küchenmaschine oder dem Handrührgerät mit Knethaken 4–5 Minuten kneten. Den Teig auf einer leicht bemehlten Arbeitsfläche noch einige Minuten mit der Hand weiterkneten. Der Teig ist recht weich, das ist richtig so. Nehmen Sie kein weiteres Mehl! Aus dem Teig eine Kugel formen, in einer leicht ausgebutterten Schüssel wenden. Mit einem feuchten Geschirrtuch bedecken und etwa 1 Stunde an einem warmen Ort gehen lassen, bis sich das Volumen des Teigs verdoppelt hat.

2 Für die Füllung mit der Küchenmaschine oder mit dem Handrührgerät alle Zutaten gründlich vermengen und zur Seite stellen.

3 Eine Backform (24 x 32 cm) leicht buttern. Den aufgegangenen Teig in der Schüssel sanft niederboxen, auf eine leicht bemehlte Arbeitsfläche geben und zu einem Rechteck ausrollen (etwa 45 x 35 cm). Mit einer Winkelpalette die Füllung auf dem Teig gleichmäßig verteilen, dabei rundherum am Rand 3 cm aussparen. Jetzt den Teig sanft, aber fest aufrollen. Die Rolle in neun bis zwölf gleichmäßige Scheiben schneiden und die Stücke mit der Schnittseite nach oben in die Backform setzen. Mit einem Küchentuch bedecken und weitere 30 Minuten gehen lassen.

Glasur
100 g Schlagsahne oder Milch
200 g Puderzucker
2 EL Mohnsamen
2 EL Zitronensaft
1 Prise Salz

4 Den Backofen auf 180 °C Umluft oder Unterhitze vorheizen. Die Schnecken 30–35 Minuten backen, bis die golden sind und die Mitte zurückfedert, wenn man daraufdrückt. Auf einem Gitter abkühlen lassen.

5 Für die Glasur alle Zutaten verrühren. Die abgekühlten Schnecken voneinander trennen und auf ein Gitter setzen. Unter das Gitter Backpapier legen. Mit einem Esslöffel die Glasur großzügig auf den Schnecken verteilen.

Pockets

GEFÜLLTE TEIGTASCHEN

Der Teig hält sich im Kühlschrank mehrere Tage, sodass Sie immer wieder frische Pockets machen können. Für die Füllung eignet sich alles Mögliche, zum Beispiel auch Reste, die Sie gerade zur Hand haben.

Zubereitung: 45 Minuten plus Gehzeit
Ergibt 8 Taschen von etwa 20 cm Ø

Vorteig
1 TL Honig
1 Päckchen Trockenhefe (7 g)
230 ml warmes Wasser
200 g Weizenvollkornmehl

Teig
100 g Weizenvollkornmehl
250 g Mehl
2 ½ TL Salz
1 EL Olivenöl
200 g griechischer Joghurt
Mehl zum Bestäuben

Füllung
einige EL Tapenade oder Pesto
Käse (z. B. Cheddar, Parmesan oder geräucherter Provolone)
Grünkohl, in feine Streifen geschnitten, oder geröstetes Gemüse Ihrer Wahl
etwas Pflanzenöl und Butter zum Braten

1 Für den Vorteig Honig und Hefe im warmen Wasser auflösen und in einer großen Schüssel mit dem Vollkornmehl vermengen. 15 Minuten stehen lassen.

2 Für den Teig die beiden Mehlsorten und das Salz in einer zweiten Rührschüssel vermengen. In einem Messbecher das Olivenöl mit dem Joghurt verquirlen. Jetzt die Mehlmischung und den Joghurt zum Vorteig geben und alles mit der Küchenmaschine oder dem Handrührgerät mit Knethaken 4 Minuten kneten. Wenn der Teig sehr trocken ist, eventuell 1 EL Wasser dazugeben.

3 Den Teig auf eine leicht bemehlte Arbeitsfläche geben und kurz weiterkneten. Wenn er sich ganz glatt anfühlt, in eine große Rührschüssel legen, mit einem feuchten Küchentuch bedecken und 1–2 Stunden gehen lassen, bis er sein Volumen verdoppelt hat. Je länger Sie den Teig gehen lassen, desto besser entwickelt sich der Geschmack. Einem Hefeteig muss man Zeit lassen! Man kann ihn auch über Nacht in den Kühlschrank stellen, dann muss er aber vor der weiteren Verarbeitung wieder Raumtemperatur annehmen.

4 Die Füllung(en) auswählen, Käse reiben, Gemüse vorbereiten.

5 Wenn der Teig aufgegangen ist, in acht Portionen teilen. Jede Portion ohne Mehl 5 mm dünn ausrollen und mit Tapenade oder Pesto bestreichen. Erst Käse, dann Gemüse darauf verteilen. Die Seiten des Teigs nach innen umschlagen, sodass die Füllung bedeckt ist. Jetzt die »Tasche« noch mal dünn ausrollen.

6 Eine schwere gusseiserne Pfanne mit etwas Pflanzenöl und Butter erhitzen und die Taschen nacheinander darin braten. Nach 3 Minuten einmal wenden und weitere 3 Minuten braten.

7 In Stücke schneiden und warm genießen!

Sweet Potato Buns

PEKANNUSS-SCHNECKEN MIT SÜSSKARTOFFELTEIG

Zubereitung: 40 Minuten plus Gehzeit
Ergibt 9 Schnecken

150 g Süßkartoffeln
35 g Butter
1 Ei
150 ml Buttermilch
350 g Mehl
130 g Weizenvollkornmehl
20 g Muscovado-Zucker
1 Päckchen Trockenhefe (7 g)
½ TL Salz
1 große Prise Natron
Mehl zum Bestäuben
1 TL weiche Butter zum Ausfetten

Karamellisierte Pekannüsse
50 g Butter
60 g Muscovado-Zucker
100 ml Milch
50 ml Ahornsirup
1 Prise Salz
150 g Pekannüsse, ganz oder grob gehackt, wie Sie mögen

Füllung
25 g Butter
3 EL Muscovado-Zucker
2 TL gemahlener Zimt

1 Die Süßkartoffeln in kochendem Wasser garen, dann abtropfen lassen, schälen und zerstampfen. Zuerst die Butter, dann das Ei und die Buttermilch untermengen.

2 In einer großen Schüssel beide Mehle, Zucker, Hefe, Salz und Natron vermengen. Mit der Küchenmaschine oder dem Handrührgerät mit Knethaken den Teig 4 Minuten kneten, bis er glatt und geschmeidig ist. Sollte er zu fest sein, 1–2 EL Wasser dazugeben. Den Teig auf die leicht bemehlte Arbeitsfläche geben und noch einige Minuten durchkneten. Eine große Schüssel mit Butter ausreiben, den Teig hineinlegen, mit einem feuchten Küchentuch bedecken und 1 Stunde gehen lassen, bis er sein Volumen verdoppelt hat.

3 Für die karamellisierten Pekannüsse die Zutaten mit Ausnahme der Nüsse in einem Topf bei mittlerer bis hoher Temperatur unter Rühren zum Kochen bringen und 4 Minuten kochen lassen. Durch ein feines Sieb in eine Schüssel streichen und etwas abkühlen lassen.

4 Die Backform (23 × 23 cm oder Ø 25 cm) nach Belieben mit Backpapier auskleiden und die Pekannüsse darin verteilen. Die Butter für die Füllung zerlassen, Muscovado-Zucker und Zimt in einer kleinen Schale vermengen. Den Teig, wenn er genügend gegangen ist, sanft abschlagen und auf die leicht bemehlte Arbeitsfläche legen.

5 Den Teig zu einem Rechteck ausrollen (40 × 30 cm). Mit der zerlassenen Butter bestreichen, mit Zimtzucker bestreuen, dann fest aufrollen. Nun vorsichtig die Karamellmischung über die Pekannüsse gießen. Die Teigrolle in neun gleich große Stücke schneiden und mit der Schnittfläche auf die Nüsse in die Form legen.

6 Die Schnecken weitere 20 Minuten gehen lassen. Den Backofen auf 180 °C Umluft oder Unterhitze vorheizen. Die Schnecken 22–24 Minuten backen, dann sofort auf einen Teller stürzen – sonst härtet der Karamell aus und klebt in der Form fest. Die abgekühlten Schnecken voneinander trennen und warm mit Butter servieren.

Basic Recipe for two Breads

GRUNDREZEPT PITABROT ODER ORIENTALISCHE FOCACCIA

Mit meiner Familie mache ich oft Urlaub im Nahen Osten und ich liebe das Essen dort! Mich hat es inspiriert, selber Pitabrot zu backen, und aus demselben Teig lässt sich eine Art köstliche Focaccia herstellen. Zu beiden Variationen passt jede Art von Hummus (s. S. 184) wunderbar.

Zubereitung: 30 Minuten
Ergibt 8 Pitabrote oder 3–4 Focaccias

300 ml Wasser
2 EL Olivenöl
2½ TL Zucker
1 Päckchen Trockenhefe (7 g)
1¼ TL Salz
85 g Weizenvollkornmehl
330 g Weizenmehl
Olivenöl zum Ausfetten
Mehl zum Bestäuben

1 In einer großen Schüssel 300 ml Wasser mit Olivenöl, Zucker, Hefe und Salz vermengen. Beide Mehlsorten dazugeben und mit einem Holzlöffel rühren, bis gerade so ein Teig entsteht.

2 Den Teig entweder mit der Küchenmaschine oder dem Handrührgerät mit Knethaken etwa 6 Minuten kneten oder auf einer leicht bemehlten Arbeitsfläche 9–10 Minuten kneten, bis er weich und geschmeidig ist. Der Teig ist extrem weich – das ist richtig so! Nehmen Sie zum Bearbeiten einen Teigschaber und versuchen Sie, mit so wenig Mehl wie möglich auszukommen!

3 Ein paar Tropfen Olivenöl in eine Schüssel geben und den Teig darin wenden. Die Schüssel mit einem feuchten Tuch bedecken und den Teig etwa 60 Minuten gehen lassen.

Pitabrote

Selbst gemachte Pitabrote sind etwas ganz Besonderes. Hier ist Ihre Chance, sich selbst und jeden zu beeindrucken, der das Glück hat, dabei zu sein, während Sie sie backen. Übrigens, das Pitabrot passt perfekt zu den Hummus-Rezepten auf Seite 184. Was für ein Genuss!

1 Rezeptmenge Teig für Pitabrot oder orientalische Focaccia (s. S. 180)
Mehl zum Bestäuben

1 Den Teig wie auf S. 180 beschrieben zubereiten. Nach 60 Minuten den Teig sanft niederboxen.

2 Den Teig in acht Portionen aufteilen. Bitte versuchen Sie nur wenig zusätzliches Mehl zu nehmen! Jedes Stück zu einer Kugel formen, mit einem Küchentuch abdecken und 40 Minuten ruhen lassen.

3 In der Zwischenzeit den Backofen auf 250 °C Umluft oder Ober-/Unterhitze vorheizen. Ein Backblech, einen Pizzastein oder eine gusseiserne Pfanne (ohne Holzstiel) hineinstellen und mit vorheizen.

4 Auf einer leicht bemehlten Arbeitsfläche ein Stück Teig zu einem Kreis (Ø etwa 18 cm) ausrollen und sofort auf die heiße Fläche im Backofen geben. 3–3½ Minuten backen, bis das Pitabrot aufgegangen ist. Mit Pfannenwender oder Küchenzange vorsichtig (wir wollen nicht, dass es reißt) das Brot aus dem Ofen nehmen, gleich auf ein sauberes Küchentuch legen und mit einem zweiten Tuch abdecken.

5 Die restlichen Pitabrote genauso backen. Wenn die Brote nicht sofort serviert werden, am besten in einer Tüte aufbewahren, damit sie nicht austrocknen.

Orientalische Focaccia

- 1 Rezeptmenge Teig für Pitabrot oder orientalische Focaccia (s. S. 180)
- 4–6 EL Olivenöl
- Za'atar zum Bestreuen (s. unten)

1 Den Teig wie auf S. 180 beschrieben zubereiten. Den Backofen samt Backblech, einem Pizzastein oder einer gusseisernen Pfanne auf 235 °C Umluft vorheizen.

2 Den Teig in drei bis vier Portionen aufteilen, je nachdem, wie groß die Focaccia werden soll. Die Stücke (am besten direkt auf einem kleinen Backblech) etwas flach drücken und mit den Fingerspitzen kleine Vertiefungen in den Teig machen. Den Teig 10 Minuten unter einem Küchentuch ruhen lassen.

3 Jede Focaccia mit Olivenöl großzügig bepinseln, mit Za'atar besprenkeln und je nach Größe 8–13 Minuten backen, bis sie goldbraun ist.

Za'atar

- 1 EL getrockneter Thymian oder Oregano
- 1 EL Kreuzkümmelsamen, gemahlen (Cumin)
- 1 EL Koriandersamen, gemahlen
- 1 EL Sesamsaat, geröstet
- 1 EL Sumach oder fein abgeriebene Schale von 1 Bio-Zitrone
- ½ TL Salz
- ½ TL getrocknete Chiliflocken (oder mehr nach Geschmack)

1 Sämtliche Zutaten in einer Schüssel miteinander vermengen und in ein Schraubglas füllen.

2 Fest verschlossen lagern.

3 Kinds of Hummus

SÜSSKARTOFFEL, AUBERGINE UND ROTE BETE

Hummus mit Süßkartoffeln
500 g Süßkartoffeln, gewaschen, aber nicht geschält
Olivenöl
Salz
1 Knoblauchzehe
100 g Tahin
Saft von 1 Zitrone
etwas 100 ml Wasser

1 Den Backofen auf 210 °C Umluft vorheizen. Die Süßkartoffeln in 2 cm dicke Scheiben schneiden, in einer Schüssel mit 2–3 EL Olivenöl und etwas Salz schwenken, dann auf einem Backblech verteilen. Im vorgeheizten Ofen etwa 20 Minuten rösten, bis die Süßkartoffelscheiben weich und leicht gebräunt sind.

2 In der Küchenmaschine mit dem Vielzweckmesser die gerösteten Süßkartoffeln mit Knoblauch, Tahin, Zitronensaft, ½ TL Salz, etwa 100 ml Wasser und einigen EL Olivenöl zu einer Paste verarbeiten. Weitermixen, bis eine glatte Masse entsteht, und nach Geschmack würzen.

Hummus mit Auberginen
2 Auberginen
Olivenöl
1 Knoblauchzehe
100 g Tahin
Saft von 1 Zitrone
½–1 TL Salz
etwas Wasser

1 Den Backofen auf 210 °C Umluft vorheizen. Die Auberginen halbieren und ein X ins Fleisch schneiden. Die Schnittflächen mit 2 EL Olivenöl beträufeln und die Auberginen auf ein Backblech legen. Die Auberginen im vorgeheizten Ofen etwa 20 Minuten rösten, bis sie weich und leicht gebräunt sind. Abkühlen lassen. Das Fruchtfleisch aus der Schale lösen.

2 In der Küchenmaschine mit dem Vielzweckmesser das Fleisch der Auberginen mit Knoblauch, Tahin, Zitronensaft, ½–1 TL Salz, etwas Wasser und Olivenöl zu einer Paste verarbeiten. Weitermixen, bis eine glatte Masse entsteht, und nach Geschmack würzen.

Hummus mit Roter Bete
750 g Rote Bete
Olivenöl
Salz
1 Knoblauchzehe
100 g Tahin
Saft von 1 Zitrone
Chiliflocken
etwas Wasser
frischer Dill

1 Den Backofen auf 210 °C Umluft vorheizen. Die Roten Beten halbieren und in einer Schüssel mit 4 EL Olivenöl und etwas Salz schwenken, dann auf ein Backblech legen. Im vorgeheizten Ofen etwa 20 Minuten rösten. Abkühlen lassen und schälen.

2 In der Küchenmaschine mit dem Vielzweckmesser die Rote Bete mit Knoblauch, Tahin, Zitronensaft, ½ TL Salz, Chili, Wasser und etwas Olivenöl zu einer Paste verarbeiten. Weitermixen, bis eine glatte Masse entsteht. Mit frischem Dill nach Geschmack würzen.

Babka

MIT PISTAZIENMARZIPAN UND SCHOKOLADE

Zubereitung: 40 Minuten plus Gehzeit
Für 1 Kastenform von 11 × 29 cm

150 ml Milch
525 g Mehl
¾ TL Salz
1 Päckchen Trockenhefe (7 g)
2 Eigelb (das Eiweiß für die Füllung verwenden)
1 Ei
50 g Honig
100 g Butter, weich
eventuell 1–2 EL Wasser für den Teig
Mehl zum Bestäuben
Butter zum Ausfetten

Füllung
150 g Pistazien
150 g blanchierte Mandelkerne
140 g Puderzucker
2 Eiweiß
1 Prise Salz
200 g Zartbitterschokolade, fein gehackt

Zum Bestreichen
1 Ei
1 EL Wasser

1 Die Milch bis fast zum Siedepunkt erhitzen und abkühlen lassen (dies deaktiviert das Molkenprotein und der Teig geht besser auf). Mehl, Salz und Hefe vermengen. Die Milch mit den Eigelben, dem Ei und dem Honig verquirlen. Mit der Küchenmaschine oder dem Handrührgerät mit Knethaken die flüssigen Zutaten in die Mehlmischung einarbeiten. Die Butter stückchenweise dazugeben und 1–2 EL Wasser, wenn der Teig etwas zu fest sein sollte. Den Teig noch 4 Minuten weiterkneten, bis er weich und geschmeidig ist. Auf der leicht bemehlten Arbeitsfläche einige Minuten von Hand durchkneten.

2 Eine Schüssel mit 1 TL Butter ausstreichen, den Teig hineinlegen, mit einem feuchten Küchentuch bedecken und 1–2 Stunden gehen lassen, bis er sein Volumen verdoppelt hat.

3 Für die Füllung die Pistazien und die Mandeln im Mixer fein zerkleinern. Erst den Puderzucker, dann die Eiweiße zugeben und einige weitere Minuten mixen.

4 Eine Kastenform (11 × 29 cm) ausbuttern und mit Backpapier auskleiden. Den Teig abschlagen und auf der leicht bemehlten Arbeitsfläche zu einem großen Quadrat ausrollen (40 × 40 cm). Die Füllung auf der unteren Hälfte des Quadrats verstreichen. Die obere Teighälfte über die Füllung schlagen und den Teig zu einem Rechteck ausrollen (40 × 30 cm). Mit der gehackten Schokolade bestreuen.

5 Den Teig von der längeren Seite aufrollen. Die Rolle zu einem U krümmen, die Enden zusammenführen und den Teig mehrmals um sich selbst schlingen. In die Form legen und 90 Minuten gehen lassen.

6 Den Backofen auf 170 °C Umluft vorheizen. Das Ei mit 1 EL Wasser verquirlen, den Babka damit bestreichen und 45 Minuten backen. Nach 30 Minuten kontrollieren, ob der Babka eventuell zu schnell bräunt – falls nötig mit Backpapier abdecken. 10 Minuten in der Form abkühlen lassen, dann herausnehmen und zum vollständigen Erkalten auf ein Gitter setzen.

VIELEN DANK

Wie von so manchem Unterfangen ließe sich auch hier sagen – *it takes a village!*

In erster Linie möchte ich meiner Familie für ihre Geduld, ihre Unterstützung, ihr Verständnis und ihren Zuspruch danken. Dieses Buch war ein Projekt mit Höhen und Tiefen, mit guten und schlechten Tagen, mit herrlichen Kreationen und solchen zum Vergessen. In all der Zeit hat mir meine Familie beigestanden, mich angespornt und die guten, die schlechten und die herausragenden Dinge probiert!

Ich möchte außerdem dem USDA (Landwirtschaftsministerium der USA) für die köstlichen Nüsse danken, die zu einer wichtigen Inspiration für dieses Buch wurden.

Monika Schlitzer, Jessica Kleppel, Julia Sommer und Christine Rühmer vom Verlag Dorling Kindersley für den kritischen Blick und die unermüdliche Arbeit, die ich sehr zu schätzen weiß. Carmen Söntgerath mit ihrem Talent, selbst schwierige Texte auf Hochglanz zu polieren – vielen Dank für die Genauigkeit im Detail. Ferner danke ich Constanze Wendt, die mich sogar im Regen frisch und wie aus dem Ei gepellt aussehen ließ!

Mein Dank gilt auch Monika Schürle und Maria Grossmann, deren kreative fotografische Umsetzung meine Kreationen jedes Mal perfekt komplementierten. Ebenfalls ein Dank an Max Faber, dessen wunderbarer Sinn für Humor und technisches Talent Tag für Tag dazu beigetragen haben, das Buch noch besser zu machen. Es war wie immer eine Freude, mit ihnen zusammenzuarbeiten. Die große Kompetenz und Kreativität dieser drei Personen haben meine Ideen für dieses fabelhafte Buch ergänzt und vervollständigt.

Und schließlich danke ich meiner Katze Lemony, die seit meinem ersten Buch meine treue Begleiterin ist. Lemony wärmte mich in den frühen Morgenstunden, wenn nur wir beide im Haus wach waren. Und last, but not least einen Dank an meine gefiederten Freunde Trixie, Ethel, Deez-Nuts und The Boss. Ich kann es kaum erwarten, eure Eier zu probieren!

REZEPTE UND TEXTE Cynthia Barcomi
FOTOGRAFIE Maria Grossmann, Monika Schürle
FOODSTYLING Max Faber
HAAR UND MAKE-UP Constanze Wendt
LEKTORAT Carmen Söntgerath
LAYOUT UND REALISATION Veronika Schmidt und Lisa Mörtl
COVERGESTALTUNG Lisa Mörtl
COVERMOTIV Nicky Walsh

Für den DK Verlag:
PROGRAMMLEITUNG Monika Schlitzer
REDAKTIONSLEITUNG Anne Heinel
PROJEKTBETREUUNG Julia Sommer
HERSTELLUNGSLEITUNG Dorothee Whittaker
HERSTELLUNGSKOORDINATION Claudia Rode
HERSTELLUNG Christine Rühmer

ISBN 978-3-8310-3894-7

REPRO Farbsatz, Neuried/München
DRUCK UND BINDUNG DZS Grafik, Slowenien

MIX
Papier aus verantwortungsvollen Quellen
FSC® C106600

www.dk-verlag.de

Danke an Rösle

Hinweis
Die Informationen und Ratschläge in diesem Buch sind von der Autorin und vom Verlag sorgfältig erwogen und geprüft, dennoch kann eine Garantie nicht übernommen werden. Eine Haftung der Autorin bzw. des Verlags und seiner Beauftragten für Personen-, Sach- und Vermögensschäden ist ausgeschlossen.

Hinweis zu den Rezepten
Soweit nicht anders angegeben, beziehen sich die Temperaturangaben für den Ofen auf Ober- und Unterhitze. Bei Umluft verringert sich die Temperatur um etwa 20 °C. Beachten Sie hierzu gegebenenfalls auch die Angaben des Herstellers.

Mit Cynthia Barcomi einfach backen lernen –
Schritt für Schritt zum Meisterstück!

Ausgezeichnet mit der Silbermedaille der Gastronomischen Akademie Deutschlands 2018

9 Grundteige und Barcomis geballtes Back-Know-how finden Sie in:

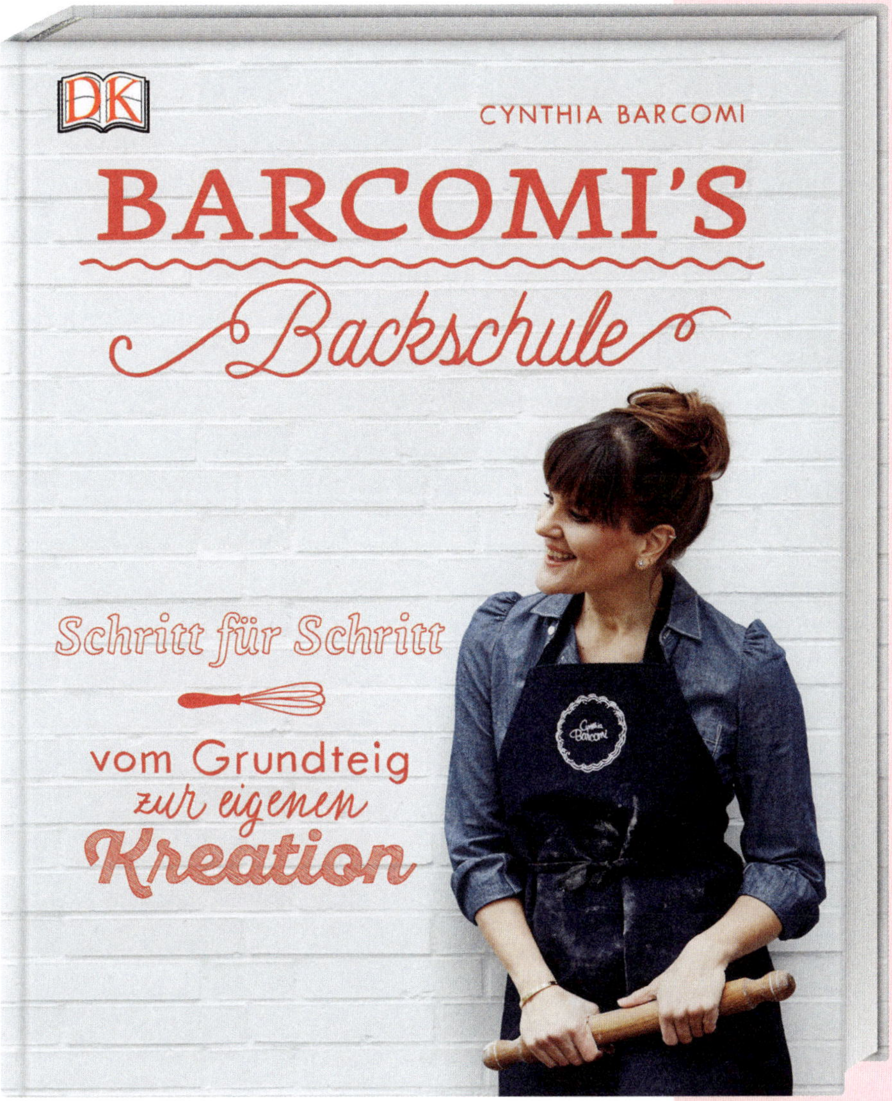

ISBN 978-3-8310-3306-5
24,95 € (D) 25,70 € (A)